中国文化知识文库

中国古代才女佳人

徐　潜／主　编

张　克　崔博华／副主编

王德英　王荣珍／编　著

吉林出版集团　吉林文史出版社

图书在版编目（CIP）数据

中国古代才女佳人 / 徐潜主编．—长春：吉林文史出版社，2013. 3（2025. 9重印）

ISBN 978-7-5472-1505-0

Ⅰ．①中…　Ⅱ．①徐…　Ⅲ．①女性-名人-生平事迹-中国-古代-通俗读物　Ⅳ．①K828. 5-49

中国版本图书馆 CIP 数据核字（2013）第 063473 号

中国古代才女佳人

ZHONGGUO GUDAI CAINU JIAREN

主　　编　徐　潜
副 主 编　张　克　崔博华
责任编辑　张雅婷
装帧设计　映象视觉
出版发行　吉林文史出版社有限责任公司
地　　址　长春市福祉大路 5788 号
印　　刷　唐山富达印务有限公司
版　　次　2013 年 3 月第 1 版
印　　次　2025 年 9 月第 5 次印刷
开　　本　720mm×1000mm　1/16
印　　张　10.5
字　　数　250 千
书　　号　ISBN 978-7-5472-1505-0
定　　价　68. 00 元

序　言

民族的复兴离不开文化的繁荣，文化的繁荣离不开对既有文化传统的继承和普及。这套《中国文化知识文库》就是基于对中国文化传统的继承和普及而策划的。我们想通过这套图书把具有悠久历史和灿烂辉煌的中国文化展示出来，让具有初中以上文化水平的读者能够全面深入地了解中国的历史和文化，为我们今天振兴民族文化，创新当代文明树立自信心和责任感。

其实，中国文化与世界其他各民族的文化一样，都是一个庞大而复杂的“综合体”，是一种长期积淀的文明结晶。就像手心和手背一样，我们今天想要的和不想要的都交融在一起。我们想通过这套书，把那些文化中的闪光点凸现出来，为今天的社会主义精神文明建设提供有价值的营养。做好对传统文化的扬弃是每一个发展中的民族首先要正视的一个课题，我们希望这套文库能在这方面有所作为。

在这套以知识点为话题的图书中，我们力争做到图文并茂，介绍全面，语言通俗，雅俗共赏。让它可读、可赏、可藏、可赠。吉林文史出版社做书的准则是“使人崇高，使人聪明”，这也是我们做这套书所遵循的。做得不足之处，也请读者批评指正。

编　者

2012年12月

目　录

绝代佳人——西施

西施，名夷光，春秋时期越国人，今浙江诸暨竺萝村人。西施是中国古代四大美人之一，又称西子，天生丽质。时越国称臣于吴国，越王勾践卧薪尝胆，图谋复国。在国难当头之际，西施忍辱负重，以身许国，与郑旦一起由越王勾践献给吴王夫差，成为吴王最宠爱的妃子，把吴王迷惑得众叛亲离，无心于国事，为勾践的东山再起起了掩护作用，表现了一个爱国女子的高尚思想情操。

一、浣纱美人

（一）溪边邂逅

那是个艳阳高照的好天气，西施像往常一样提着竹篮去若耶溪边浣纱。潺潺的溪水欢快地从指间流走，阳光温柔地洒在水面上，微风轻轻地拂过浣纱姑娘的面颊，映着日光清泉，美人倩影光彩异常。鱼儿在水中都忘了摆尾，不知不觉地沉到了水底，被溪流冲得迷失了方向。

毫无疑问，西施是村里最漂亮的姑娘。

西施是苎萝村里施老头的女儿，名夷光，由于光彩夺目的美貌，她成了西半村人的骄傲，日子久了，大家就都唤她“西施”。但是，美人的光芒总会招来其他女子的妒忌，村子的东边就住着这样一个姑娘，她从来不觉得自己的容貌比西施差，为了和西施抗衡，甚至就把自己的名字改成了东施。东施为了和西施比美，可谓煞费苦心，从穿着打扮到行为举止无一不效仿西施。

西施自幼体弱，经常心口莫名地疼痛。一日，出门时，心口突然一阵疼痛袭来，疼得西施频频蹙眉，不得不用手掩胸口缓解，模样楚楚可怜，引得路人关切慰问。东施见此状，也手掩胸口，皱着眉头，表情夸张，结果却遭到路人的嘲笑，留下了“东施效颦”的成语。

然而，迷失方向的不只是那溪里的鱼儿，还有站在溪边不远的范蠡。

他的脚步不知不觉地停住了，只是愣愣地站在那儿，不敢眨眼，总觉得在闭眼的瞬间那仙人一样的女子就会突然消失。

阳光轻轻地笼罩在那姑娘的身上，形成了一层薄薄的光晕，仿佛是随时会飘走的仙女。藕节似的玉臂撩起一串串清冽的水珠，在阳光下形成一道道七色的彩虹。那女子不时用手拂去被风吹到脸上的头发，然后抬头微笑着看下天空，

再继续手上的工作。

就在西施又一次不经意地抬眼时，她看到了他。

真是个好看的人呢，西施暗叹道。

范蠡不知不觉地向她走来，好像被一股奇怪的力量牵引着，已经不受自己控制。那双清澈的望不见底的眼睛不经意地一瞥，瞬间点燃了他的灵魂。

西施见那男子向她走过来，也放下了手中的纱，站了起来。

“姑娘可是这村里的人吗?”见那男子问道，西施回应地点了点头。

“在下是越国大夫范蠡，奉大王旨意访各地的美人入宫，姑娘容貌绝色，可愿同我入宫?”

“在下是越国大夫范蠡”这几个字重重地敲在西施的心上，似乎有什么，瞬间从潮湿的内心破土。

原来这个男子就是范蠡大夫，那个越国上下无人不知无人不晓，来自楚国的奇人，聪明绝顶，随越王入吴为奴三年，成功地使越王自吴国脱险归来，重建宗庙。想不到如此传奇人物竟站在自己的面前，而且，是那么的英俊儒雅。

西施不知道该说什么，也不知道是为什么，只是点头。

“姑娘点头就是答应在下了。真是太好了。对了，还没请教姑娘芳名?”

“施夷光，大家都叫我西施。”

阳光安静地盘旋在村落的上空，一点一点地燃烧了那些古老到石头都开始风化的村庄，同时，也燃烧了两个人的灵魂。

一个山野浣纱姑娘的命运开始了翻天覆地的变化。

（二）初次入都

夫差在七年前怀着复仇之心，率领五万将领，风卷残云地践踏越国国土。越国都城惨遭劫掠，遍地狼藉。勾践入吴为奴的三年，主持政务的大夫文种，颇有远见地放弃对残都的修葺；越王回来时，又极力进谏大王以民心为重，保留亡国旧貌可重新燃起越人复仇的激情。

于是，当西施随着那些从各地选来的美人一起入都时，揭帘而视，只见残垣断壁，满目疮痍。然而，街上的车来人往，市井繁华，越国的国力不显山露水，谦卑而发愤图强地暗中积蓄着。

初次入都的西施，之前从未走出过苎萝村。即使满眼断壁残垣，也远非乡野可比。在入都途中，西施结识了一位叫郑旦的姑娘，同样是被选来的美人。攀谈了几句发现，原来两人住的村子竟然只隔了一条小河，之前可能经常隔岸而过，于是初次离家的二人仿佛是见到了亲人一般，更加亲近起来。

西施体弱，不堪长途颠簸，倚靠在马车的窗棂上假寐。活泼好动的郑旦却兴奋不已，干脆卷起窗帘，将整个脑袋伸出去看热闹。时间仿佛就此停滞。车内的美人引得行人忘记了挪动脚步，踮着脚伸长脖子，争先目睹施郑二人的绝色容颜。

终于，西施与郑旦等人被平安地送到了越王的宫殿雅鱼宫中。

雅鱼宫，是越王勾践为宠爱的越夫人所建，宫中房间无数，回廊曲折，如今的颓败仍然掩藏不住曾经的奢华。当年，勾践被吴军逼退至会稽山时，越夫人独自留守雅鱼宫，坦然面对吴国的千军万马。夫差为其非凡的胆魄所感动，决定保全雅鱼宫。

当施郑二人抵达雅鱼宫时，已有近百名来自其他乡间的姑娘，都很忐忑地站在庭院里。宫殿高处亭台上，沧桑不已却风韵犹存的越夫人看着台下站着的百名美女，想到自己青春不再，内心波澜起伏。随大王入吴为奴三年，她的肌肤因此而苍老，她的心更为沧桑。可是为了大王的复仇大业，越夫人依然觉得无怨无悔，在所不惜。

越夫人看出下面的美女们虽然丽质天生，却还都欠缺一些调教，为了早日能帮大王报仇雪恨，她决定亲自带人训练这些乡野美人们。

尽管战败之国百废待兴，物产极度缺乏，但是对于这些选来的美女，食物中却有鱼肉等卿大夫也难得吃到的佳肴，且不必做粗活，不必行于烈日之下。众女如登天堂，几个月后，皆已经养息得肌肤如雪，面若桃花。

在这几个月艰辛的训练过程中，不断有人被淘汰，挥泪离去。被留下的少

数人，也都战战兢兢，如履薄冰。每日要练歌习舞，识字读书，并且还需紧缠帛布使之腰纤，头顶水缶使之颈美，置天足于鞋袜之中，改粗俗之举止。

然而相对于其他人的痛苦敷衍，西施与郑旦二人却进步神速。本就天生丽质，经过调教，更是举止款款有度，衣着风华雅致，举手投足中都透露出万种风情，颠倒众生，倾国倾城。二人深受越夫人的喜爱。越夫人深知，能助大王报仇雪恨之人，非这二人莫属。

西施训练得十分刻苦，不为别人，只为范蠡每次看他跳舞时那抹温柔的微笑。有很多次，沉重繁复的练习让西施很想放弃，但是只要想起范蠡安静的笑脸，就又浑身充满了动力。

只那一眼，胜过万语千言。

西施经常会看见越夫人独自叹息，夫人与大王的伉俪情深令她颇为感动。为了所爱的人，牺牲自己花样的年华，越夫人的忧伤，在她看来却是那样令人陶醉。沧桑也罢，寂寞也罢，女人不求名留青史，却始终希望自己爱的人青史留名。

二、初尝恋酒

（一）短暂幸福

天空像是被飓风吹了整整一夜，干净得没有一朵云。只剩下彻底的纯粹的蓝色，张狂地渲染在头顶上面。像不经意随手打翻了蓝色的颜料瓶。晕染开的，千丝万缕的蓝。

范蠡就那样站在那里，一袭浅灰色的无袖袍在腰间用同色系的暗花腰带扣住，里面着淡紫色长袍，长发垂腰，头顶部分松挽了一个髻用支白玉簪固定，明亮的眼睛里看起来很平静，薄薄的嘴唇抿成一条线，早晨的阳光斑驳地打在他的脸上，有光的地方，仿佛脸上的绒毛都是金黄色的。

在这个春日的早晨，范蠡给西施又一个猝不及防的深刻印象。

如果说对他的印象一直以来是"他很英俊"，那么今天的风景，毫不讳言地说，让他刻进了西施的心里。

西施的内心世界开始缓慢塌方，像是八月里浸满雨水的山坡在一棵树突然蔓延出新的根系时瞬间塌陷。泥土分崩离析，渐渐露出地壳深处的秘密。

而同样浸满雨水的还有呼吸缓慢起伏的胸腔，像是吸满水的海绵，用手按一下都会压出一大片的水渍。

是什么，在瞬间从潮湿黑暗的内心破土？

"范大人。"西施浅浅地问道，"一大早找我来，有什么事吗？"

范蠡看了西施一眼，又把目光望向远处："今天越夫人难得让你们休息一天，我带你去都城四处转转吧，姑娘可愿意？"

"真的吗？那真是太好了！"西施难掩心中的雀跃，越夫人让她们休息一天，她已经很高兴，虽然只有短短的一天，但是可以在这一天里不用做那些繁复枯燥的练习，简直是如蒙大赦。现在又可以和范蠡大人一起出游，她觉得范

大人的声音就像花儿盛开的声音，朵朵盛开在心里的声音。

西施可爱灿烂的笑脸，弯弯的眼睛里都流淌着喜悦。范蠡突然觉得千万朵莲花在眼前绽放，世界霎时安静下来。

他终于明白自己为何不敢长时间地注视这一双看似浅淡实则深幽的美人眼，看得久了，他怕自己会不可自拔地溺下去。

两个人乘车来到郊外。风和日丽的天气，羞花惹草的伴侣，让二人似乎都忘记了烦恼。

层层叠叠的乡间梯田在眼前绵延伸展，金黄的油菜花铺天盖地，质朴的芬芳中恍惚有一抹俏丽的身影翩然立于其间，回眸一笑，发丝纷飞……

软软的春风羽毛般轻轻抚过脸颊，让人觉得心旷神怡。

“西施姑娘，”西施应声回头，“我有话对你说。”

西施款款地走向范蠡，受训之后的西施已经完全褪去粗鄙的乡野之气，留下的只有举手投足间高贵的优雅风度。

她望向他的眼，仿佛有奔腾的江水印在他的眸中，在那眼底化出一个世界。

“我几年前从楚国来到越国，曾和越王一起入吴为奴，出生入死解救大王于危困之中，现如今又辅佐大王兴国安邦，在这往来奔波的十几年里，我心中没有半点牵挂。可是，自从那日在溪边与姑娘认识之后，我却无法再像往常一样洒脱行事，朝不能起，夜不能寐，这些，姑娘你可都知道?”

范蠡如此坦白自己的心情，是西施始料未及的，同时，也感受到了一种前所未有的情感，一种无法言说的甜蜜与幸福。

“大人，从与您在家乡溪边邂逅，到随您入宫受训，一直受大人照顾，已经让西施感激不尽，您贵为越国国师，昼夜操劳，日理万机，竟还能心念西施，更是让西施忐忑不安。但是您的话让我很开心，真的很开心，比见到您看我跳舞时露出的微笑还要开心!”

哗地一声，范蠡好像听见心底那座万年冰墙塌陷融化的声音。强烈跳动的心把温暖的血流灌入百骸，让他感到前所未有的满足和兴奋。

世界在一瞬间冲破黑暗，光芒瞬间照耀了千

涸的大地，河床汩汩地注满河水，芦苇沿岸发芽。

成千上万的飞鸟优雅地飞过血红色的天空。

这是一个传奇的季节。所有的平凡都在这一个季节里印上华彩和绚丽的印章，被阳光放大了细节，在世界中被清晰地阅读。

只是，沉浸在甜蜜爱情中的西施与范蠡，他们绝对不会想到，双方会在彼此的生命里，掀起如此的滔天巨浪。

（二）兮兮离别

又是一个深秋。

树木的枝叶已经全部凋零，剩下尖锐的枯枝刺破苍蓝色的天空，西施的身影显得那么的寂寞和孤单。她微笑地望着范蠡，从三年前被选中入都时她就知道，终究逃不过被当做供品送给吴王夫差的命运。但是，这三年里，与范蠡甜蜜的点点滴滴却似乎又燃起她心中一丝丝希望。

她望着范蠡，笑容明亮而单纯，她说："少伯，你来了。"秋风瑟瑟地吹过，空气中弥漫着淡淡的哀伤。

"西施，有件事我想和你说。"

万籁俱寂。西施听到了自己的心跳声，如群雷轰鸣，万马齐喑。

该来的终究是逃不过。

不敢眨眼，因为她知道，希望和失望，只在睁眼闭眼的瞬间。

此刻的范蠡已是心如刀绞，他知道，自己本不该爱上这个女人，她注定要被送进吴王的怀抱。可是，他还是无可救药地爱上了她。摘心断肠的爱恋，让他拥有从未品尝过的甜蜜，同时又感到无限的悲伤。

"你知道吗？我千里迢迢从楚国来到越国，曾经无数次与大王在战场上出生入死，又忍辱负重地随大王入吴为奴，返越后又殚精竭虑地辅助大王重整江山。也许你觉得，我这样做是为了完成母亲当年要我做出一番光宗耀祖事业的心愿。可如果是那样，我可以去很多地方，齐国、秦国、鲁国，甚至连夫差也

曾试图拜我为上卿。但是我没有，我依然选择留在这命途多舛的越国。现在我终于明白，我留在这里，是冥冥之中命运的安排。因为你在这里。命运安排我遇见你，让我们相恋。”

缓慢的陈述，平稳的语调，唯一的破绽是颤抖的尾音。

“少伯，我从没后悔过。可能你不知道，三年前，我们在溪边相遇时，我就已经爱上了你，只是当时我自己也并不知道。后来随你入宫受训，我就深知如果我要留下，终将逃脱不了被大王送去吴国的命运。但是，我没有放弃。因为我知道，只有这样，我才能见到你。这三年里，你让我感受到了前所未有的幸福。我常常想，能与你相恋，是我今生最大的幸运。所以少伯，我不会害怕，你也不要害怕，因为这段美好的回忆，会让我们充满力量地去面对未来的所有艰难。”

“请你相信我，给我三年时间，三年后我一定去接你，然后我们成亲。”

空气里满是悲伤的味道，在干枯的枝叶间浓重的散发。

他们都听到了内心深处破裂的声音，心就像经历了大地震之后的地面，千沟万壑。

结局不会改变，西施早就明白。她从怀中拿出一把麦草扇，“少伯，这个留给你吧。”

那是她在溪边与范蠡初次邂逅，当夜用浣纱溪边的麦草编成的扇子，苎萝山的翠竹制成的扇柄，用浣纱江里漂洗过的彩丝，将自己姣美的容貌，绣在扇心中，制成一把精致的麦草扇。

一柄充满情意的麦草扇，两张满是哀伤的侧脸，紧紧皱着眉头，掉在脚边的泪水，都融成了一线。

那一刻，世界重归黑暗，带着寒冷迅速降临，暴雪，冰冻，还有未知世界的塌陷。

三日后，越国设国宴为越女饯行。

朝为浣纱女，暮为吴宫妃。身后的三年光阴尽在弹指一挥间。

西施知道，这一去，也许再不会回来，即使有回来的一天，这一切也将是沧海桑田。突然觉

得，命运的手掌真的可以翻云覆雨，自己最终还是输给无法改变的人生。输得彻底，血肉模糊。

她在送行的众人中看到了范蠡，人前的他又恢复了那副宠辱不惊的神色。她总能在人群中一眼就找到他，英俊的面庞，亲和的笑容，明亮的眼睛，还有坚定的眼神。

三年的短暂交汇，那些逝去的光影突然全部涌到眼前溪边的初次邂逅，田间的深情告白，训练时的默默鼓励，月色底下的紧紧相拥，点点滴滴，历历在目。西施骤然觉得浑身充满了无力感，相恋的爱人，在这一刻之后，将生活在两个不同的国家，头顶的天空都不再是同样的颜色，想念的时候，也就是能在心里说一句“我很想念你”吧。也就只能这样了。

送行宴低调而隆重地进行着。在人群里，西施看见了越王勾践。深深的眼，上翘的唇，似笑非笑的表情。直视他的眼睛，乌黑深邃而空洞，没有任何感情，什么都没有，只有让她背脊发凉的荒芜。一股蓄势待发的压迫感扑面而来，他身上散发出的霸气和凛冽，让她忽然有种天下之君非他莫属的感觉。勾践看到眼前已经出落得倾国倾城的西施，立刻觉得自己下的这步棋很绝妙，这个女人绝对会让夫差疯狂，她会让他万劫不复，她也会助他把他勾践的时代重新夺回来。

送行宴会过后，范蠡带着文种书写的贡辞，亲自送西施、郑旦等数名越女入吴。一行人怀着忐忑的心踏上了去往吴国的征途。

三、宫深似海

(一) 途中风波

车队平稳而有序地朝吴国方向行驶着。由于西施和郑旦等越女入吴的消息不胫而走，会稽城万人空巷。此番西施等人入吴，激起了会稽人对吴国的强烈仇恨，谁都知道越女入吴意味着什么将越国最美丽的女子送到吴国任人糟蹋，有点儿民族自尊心的人都会义愤填膺。

勾践大张旗鼓地为越女们送行，既让她们深感自己肩负重担，同时，也再一次加重了越人与吴人之间的仇恨。车马行至郊外，眼前是一片金黄的麦田。范蠡心潮澎湃，这是三年前二人定情的地方。

一阵轻风吹来，将车窗的彩帘掀起一角，一瞬间，范蠡和西施的目光恰好碰到了一起。目光相互交织，如清早春晖般清澈，却淌着深如秋水般的愁思。只一眼，就烙在彼此的心底。

明明近在咫尺，为什么却好像远在天涯。

西施收回了目光，低垂下头，双手放在膝盖的中间，刘海儿在额前投下阴影，眼睛似乎是闭起来了。风吹过去，窗帘落了下来。

应该是累了吧。

范蠡的心里微微有些心疼，像是一块锦帕被轻微地揉起来，再摊开后就是无数细小的褶皱。

马车一路颠簸，终于来到吴越边境，范蠡让车马远远地停下歇息。

西施与郑旦等人纷纷从马车上跳下来。眼前山花烂漫的景象，让她们暂时忘却了即将到来的一切，但也只是淡淡地沉默着，完全没有了往日姐妹一起的活泼喧闹。

时间像潮水一样慢慢地从每个人身上覆盖过去。那些潮水的痕迹早就在风中干透，只残留一些水渍，变化着每个人的模样。

西施静静地站在马车边，表情黯然。不远处，吴国方向一行人正朝她们走来。

“大人，在下奉大王之命，来迎接越国美人，为美人梳妆打扮。”领头的宫奴带着骄傲和鄙视的神情对范蠡说。

范蠡不动声色，只是对他微微点了点头，就示意手下去把越女们带来。

西施红颜素服，一身越地打扮。吴国宫女们带来了龙凤宝镜和锦缎吴服，请她梳妆更衣。一听说叫她换成吴国妆容，西施突然觉得十分委屈，内心的酸楚突然涌上心头，不禁颦眉摇头说：“龙凤宝镜难照我西施容貌，我要故乡的清清流水为我照镜，故乡的青青树叶为我梳妆。”

宫女们你看我，我看你，面面相觑，一时为难，上哪儿去找这清清流水和青青树叶呢？

这时，神奇的事出现了。只见从那山上走来一位拄着龙头拐杖，仙风道骨，白发银须的老者，他缓步走到西施面前，深深一揖说：“姑娘，恕我送行来迟，我已替你带来了故乡的清清流水和青青树叶。”

说罢，举起龙头拐杖向山下一指，只见一泓澄澈的湖水，清盈盈，亮晶晶，平静如镜；环湖四周，杨柳吐翠，桃花含苞。

西施被眼前出现的美景惊呆了，但仍没忘记对那神仙似的老人道谢：“多谢仙人，知我西施一片乡心。”

缓步下山，跪在湖边，望着一湖故乡的清水，双眉颦蹙，泪如泉涌。泪水流进湖里，湖水立刻变得碧蓝碧蓝，如绸缎一般。泪水洒在桃树、柳树上，千树柳枝，好似被西施悲切的离情打动了心，柳丝如串串珠泪下垂；千树桃花，也像被西施深切的乡情打动了心，纷纷扬扬地直往下落，飘在湖面上，如同是在和西施挥泪告别。

望着千树桃柳，拂着满湖清水，西施噙着泪珠，喃喃低语：“我要走了，我多想我的身影永远留在家乡的湖水里，可是不行啊，马上就见不到了。”

白胡子老人突然说：“西施姑娘，相信我，你美丽的身影，将使我钱塘湖千古生色!”说完，就见他渐渐向湖中隐去，不消片刻，就无影无踪。

西施有些恍惚地向身后望去，发现其他人都在各忙各的，并没有觉察到刚刚发生了什么奇怪的事，不由觉得很是神奇，当然还有一丝骄傲。

传说那位仙风道骨的老人竟是钱塘龙君，特地率领水国百族来为西施送行。从此，钱塘湖又被称为西湖，在桃红柳绿、风和日丽的日子，湖中常常会隐隐现出西施美丽的身影。

北宋年间，大诗人苏东坡来杭州做太守，一天雨后初晴，他酣饮湖水，不觉诗兴大发，刚吟出“水光潋滟晴方好，山色空蒙雨亦奇”两句，一时找不到恰当的句子，醉眼蒙眬中，突然一阵暖风吹过，碧蓝的湖水，微波间闪起粼粼金光，映出了西施妩媚的容貌。苏东坡不禁赞道“好美的西施！好美的西施！”于是吟出了“欲把西湖比西子，淡妆浓抹总相宜”的千古名句。从此这钱塘湖带上了西子湖的美名，名扬四海。

当然，这些都是后话。

西施终于在宫女的帮助下完成了装扮。上妆后的两只明眸更大更亮，双眸顾盼，眉间无限风情，光润玉颜，玉骨冰肌，双颊浅染薄花色，风情绝代。融合了水的柔美，又不失火的热烈。纤腰不盈一握，弱柳扶风般的身姿，让人忍不住要将其揽入怀中。只那淡淡一笑，足以倾倒众生。

为她装扮的宫女看着镜中摇曳的美人，不禁心中暗叹：这区区败国之女，竟有如此惊人的美貌。这姿貌任凭是女子见了也要心动，更莫说男子。

西施并未发觉宫女的不对劲，直接掀开车窗上的彩帘，对外面的一个小侍卫说，“我已经梳妆好，可以起程了。”

那小侍卫目瞪口呆地望着西施，天啊，从来没见过这么美的人，是仙女吗？他竟然不自觉地低呼了出来，听到此言的其他侍卫也寻声望来，所有人都忘记了手中的动作，争睹美人芳容。

似曾相识的场面，西施不自觉间的浅颦轻笑绽露出来，倾国倾城。

放下窗帘，片刻之后，传来出发的旨令。

（二）大殿争锋

气宇轩昂的吴王夫差坐在大殿之上，两侧

坐着文武百官，相国伍子胥与太宰伯嚭靠近吴王相对而坐。

西施看向吴王，一个极具帝王气质的男子，华丽得扎眼，却冰冷得煞人。如同一尊雕刻了千年的冰雕，冷静地坐在大殿上，冷静地绽放。看得出来，岁月在这个男人身上沉淀出的，只有雍容的气度与绝伦的风采。

范蠡沉着地宣读贡辞：

“东海降臣勾践，感念大王不杀之恩，不能亲率妻妾服侍左右。遍搜境内，得善歌舞者数人，送入吴宫，以供大王差遣。”

此时的夫差刚刚从攻打齐国的战场凯旋，放眼东周列国，吴国国势正如日中天。对于衷心臣服于他的越王还算满意。

他得意的笑声在大殿响起，殿上的百官们似乎消失了，无声无息。那股傲气像是在炫耀，宣布整个世界存在着的就只有他的笑声，和那双骄傲的眸子。

范蠡示意身着吴国宫装的西施等美人向吴王款款施礼。

“奴婢拜见大王。”

吴王望向殿上的美人们，个个身形窈窕，面如桃花。其中一女尤为突出，柳叶弯眉，明眸皓齿，一个浅颦轻笑绽露，倾倒众生。

仿佛有一些微弱的光芒从这女子的身上散发开来，是那种在浓厚得如同海水一样的夜色里发出微波的光晕，她恭敬却不卑微地施礼，让人觉得总有一天她会在所有人的目光里光芒万丈。

夫差看到的女子正是西施。

满朝文武也被这些美人们迷住了神魂，都痴望着她们，禁不住心倾神驰。只有相国伍子胥依然冷眼旁观，洞察一切。

夫差淡然地说道：“勾践得此美女不自用，而进贡于孤王，确实忠心与吴!”

伍子胥闻言突然跪倒，厉声喝道：“大王，万万不可!”

“大王，自古以来，红颜祸水！夏桀因妹喜亡国，纣王因妲己亡国，幽王因褒姒亡国，如此教训，大王岂能视而不见?”

“如此说来，爱卿认为孤王会因这几个美人亡国吗?”

“微臣不敢。臣只是……”

“哼！笑话！什么红颜祸水！都是些无能的人才用的托辞！想我堂堂吴国，怎会毁于几个女人手里!”

“吾王圣明!”太宰伯嚭也叩拜道。

“臣恭贺吾王天降双喜!”伯嚭适时奉承着。

“何谓双喜?”

“回王上，一喜吾王凯旋，统一霸业指日可待；二喜勾践忠心，越女花容月貌，秀色可餐。”

“大王，万万不可啊!”伍子胥连声喊道。

“相国，您这话就不对了!”伯嚭不紧不慢地回击着伍子胥，“想我大王当日欲北上伐吴，您就全力阻拦，而今我王兵不血刃就臣服了齐国，让相邻的晋国也大为恐慌。现在眼看我吴国称霸在望，相国竟然又妄言亡国，真不知您是何居心!”

“你!”伍子胥气得长须颤抖，手指西施她们和伯嚭：“有尔等祸水和小人，我吴国后患无穷，亡国有日。先王有知，难以瞑目啊!”说完便拂袖而去。

伍子胥，果然不可小觑，范蠡想。

当初吴国太子病逝，先王来不及立储，就在吴越交战中中箭身亡。临终前，把选立新君的重任交给了伍子胥。当时，吴国二王子王僚战功显著，手握重兵，实力雄厚，登位称王的呼声也最高。但是王僚生性暴戾，令伍子胥举棋不定。夫差看准了时机，知道要想当王最后还是伍子胥说了算，于是就前去相国府，讲述自己宏伟蓝图，雄心大志，最后赢得了伍子胥的认可。

伍子胥授计夫差，在家宴请王僚。酒过三巡，小厮端上一条油炸整鱼。王僚并无他想，只觉得鱼香扑鼻，正要举箸品尝，不料夫差从鱼肚里抽出一柄短剑，直刺其心窝。王僚的手下拔刀出剑，殊不知夫差的伏兵早就严阵以待。

就在这剑拔弩张之时，伍子胥从容地走出来，宣布夫差就是吴国的新王。

伍子胥助夫差夺得王位，而且受阖闾之托，

辅佐新王安邦定国，夫差现在根本离不开他。而且此人老谋深算，耳目众多，不得不防。

伍子胥，你才是我越国最大的敌人。

范蠡不禁有些后怕，幸亏入宫前，他曾带着一批财物拜访太宰伯嚭，否则后果还真是不堪设想。

吴国太宰伯嚭是个贪佞小人，十分擅长逢迎夫差。当年，就是因为伯嚭受范蠡重金贿赂，在朝堂上与伍子胥针锋相对，力荐夫差要宽大为怀，勾践才得以回国。如今，范蠡故技重施，伯嚭拿人手短，自然帮着范蠡说话。

吴王夫差果然久经沙场，面对此景并未生气。只是对下面一干人等叹了句：相国老矣！

随后，颇具帝王风范的对范蠡道：“范大人一路辛苦了，回去告诉勾践，孤王谢谢他了！”

“罪臣遵旨。”叩拜之后，范蠡转身走出了大殿。

他不敢望向西施，他怕他会不顾一切地把她抢走。

当西施回过头去寻找范蠡时，大殿上已经不见他的踪影。

仿佛一块巨石压在心里，硬生生地在内心积压起绝望的情绪，像刻刀一样，在心脏上深深浅浅来来回回地切割着，血肉模糊。

（三）西施染病

自从那日大殿上见过吴王之后，西施就没再见过他。三个月来，西施过得很清净。她很喜欢这种生活，没人打扰。弹弹琴，绣绣花，看着蓝蓝的天空，听着鸟儿的吟唱，她有时想，能够一直这样清净，未尝不是一件好事。

每天站在那里，看着太阳升起来然后再茫然地落下去，就这样静静地等着范蠡，真的很好。

可是西施并不知道，如此平静的生活，却被她与吴王夫差的一次不期而遇彻底打破。

早春的阳光透过朵朵白云，轻轻地洒向地面。

鸟群匆忙地在天空飞过，划出一道一道透明的痕迹，高高地贴在湛蓝的天壁上。

匆忙到来的春天，忘记了把温暖和希望一起带来。

这天傍晚，西施独自在御花园散步。她知道，这个时间，花园通常是没有人的。主子们都在用膳，奴才们正忙着伺候。

暮色烟光的残照里，一抹幽香若有似无地飘散，香径尽头的幽柏浓荫下隐约透出一角白色缕衣。西施站在竹桥上，雪柳般的腰身轻倚栏杆，绘花团扇轻轻摇晃，滑落下些许宽大的衣袖，露出一截皓腕，凝视远方的眸光，温情脉脉，又带着一丝忧伤。

正要去郑旦宫里用膳的夫差，被桥上那清丽的倩影吸引住，不知不觉地向她走了过去。

西施听到身后的脚步声，刚一转头，一眼撞进一双邪媚上翘的丹凤眼里，飞剑入鬓眉，拢秀俊挺鼻，深刻的人中，殷红薄情唇，光洁微褐的皮肤，下巴骄傲地略微上翘，仿佛在向人昭示不容触犯的皇室威严。

“西施，拜见大王。”温润的声音在天空萦绕。

“免礼。”

吴王伸手扶起西施，夕阳罩在她身上，发出浅浅淡淡的光晕，那股娴静淡然把人震慑透底。

“这么晚了，爱妃可用过晚膳?”吴王很平静地对西施说，好像他们已经认识了很久。

“谢大王关心，臣妾已经……”

心口突然一阵绞痛，西施来不及把话说完，只用手捂住胸口，频频蹙眉。

“你怎么了?”吴王见状，有些不知所措的惊慌。

“大王……没事……老毛病……”西施痛得话不成句，额头也沁出细密的汗水，刚要再张口说话，一阵强烈的绞痛，使她直接昏厥了过去。

吴王连忙令身后的小厮去叫太医，自己抱起西施向她寝宫走去。

西施宫里的奴婢们第一次见大王亲临，一个个慌慌

张张地跪下行礼，吴王哪还管得了那么多，气急败坏地喊着：“快去叫太医!”

轻轻地把怀里的人儿放在床上，此时的西施疼得紧蹙着眉头，冷汗顺着脸颊往下流淌。不一会儿，一群奴婢簇拥着太医匆忙地赶了进来。

诊脉，开方，熬药，喂药……

一阵手忙脚乱，总算把西施安顿好。吴王不禁长舒一口气，似乎打仗也没这么慌乱过呢。

他低头望着床上的西施，面颊潮红，娇喘微微，十分惹人爱怜。他突然发现，西施的姿色凌驾宫里所有女人之上，也包括那个最近得宠的郑旦。

心里有些懊悔，如此美人竟然被遗忘这么久，还好今天被他撞见了，不然她一个人在花园里病倒，后果真是……夫差想着，心底竟泛起一丝心疼。

看着西施呼吸渐渐平稳，夫差才起驾回自己寝宫歇息。只是当晚，他没再找其他妃嫔侍寝。

西施就这样一直昏昏沉沉睡了几天。吴王每日下朝，都要过来探望，赶上吃药时间，还会亲自喂药给西施。

“你醒了。”西施慢慢地张开眼，又很快地闭上。房间里过于明亮的阳光刺得她流泪。

窗子被体贴的关上，光线变得柔和。她睁开眼，昏昏沉沉的，什么也看不清。

有人把她的头垫高，一勺一勺地喂她东西，动作轻缓温柔。

然后她又开始昏睡。就这样睡睡醒醒的不知多久，只隐约记得总有一个带着清凉香气的人温柔地喂她汤药。

（四）施计借粮

西施这一病，足足有一个月之久。这一个月里，越国已经开始为大反攻做准备，西施的病帮了勾践很大的忙。

由于牵挂着西施的病情，尤其是几日过去，西施的病仍不见好转，夫差心情极为烦乱。上朝议事时常常心不在焉，臣下们的禀报也听不进去。每次大臣

禀报完，他才回过神，让重新再报一遍。反反复复终于清楚了所议何事，裁夺时也多有偏颇。

吴国宫里发生的这些微妙的变化，都被越国探子汇报给了越王勾践。勾践获悉，十分高兴，范蠡的美人计，终于发挥作用了。可是范蠡得知西施卧病吴宫的消息，心中立刻焦急万分。

谋臣文种觉得这是个反击好时机，于是对越王勾践献策："越女入吴只能蛊惑夫差，却并未损其国力。如今我国正值水涝灾害时期，可以借水灾为由，向吴国借调粮食，以损其军备，届时，吴国外强中干，我越军方可乘虚而入。"

勾践点头称道："爱卿，好计策。"

范蠡主动请缨，入吴借粮。

范蠡一路风尘仆仆地赶到吴国，可是吴宫深似海，别说是亲自探视，连关切之情都无法传给西施。

暮色四合。天空上有模糊不清的云慢慢移动，在地上投出更加模糊不堪的影子。

范蠡此时的心情落到谷底。借粮的事被伍子胥识破，在大殿上力阻夫差，虽说伯嚭受贿为范蠡说话，但是仍被伍子胥义正词严地压制下去。夫差也权衡了很久，但是想到诸侯会盟正在酝酿之中，一旦有诸侯起兵，吴军必要兴兵讨伐，粮草万万不可短缺，于是也婉拒了范蠡的请求。

范蠡突然觉得自己很落魄，于是他做出了让所有人瞠目的举动。

他从驿馆搬了出来，换上褴褛衣衫，一连几日混迹姑苏街市，一边乞讨，一边向路人讲述越国灾情，半月下来，已是面黄肌瘦。

姑苏城里人们开始议论纷纷，连堂堂大夫出使都如此缺钱少粮，越国的百姓真是不知道要怎么活下去了。

传言就这样在姑苏城里飞快地流传开来，当然也流进了吴国王宫。

西施在奴婢们的交头接耳，窃窃私语中，终于了解到日夜思念的人原来已经来到自己的身边。可是她知道，他们不可能见面，于是唤来宫人，把她

亲自做的蝴蝶纸鸢放飞。

自从到了吴国，范蠡经常会不自觉地望向王宫。西施，你要快点好起来。

一片云彩，摇摇晃晃地飘向范蠡。

那一瞬，笑容凝固在脸上。青草迅速蔓延覆盖着荒芜的山脉。

那一瞬，笑容换了弧度。忧伤覆盖上面容，潮水肆意地翻涌。

那一瞬，泪水如破堤洪水漫上脸庞。往事如狂风暴雨从记忆里席卷而过。

蝴蝶纸鸢，那是在越国宫中受训时，西施和范蠡唯一做过的纸鸢图案。

翩翩起舞，双宿双飞。

范蠡用自己的手帕包起一块石头，当夜，就找到潜在吴国的探子，把信物送给西施。“我心非石，不可转也。”这是流传在中原的爱情寓言，西施怎会不知。

西施看着手里的锦帕和石头，心里安静无声。像是有一块巨大的屏障，驱赶了所有的喧哗。

内心深处，一些很柔软的东西慢慢地苏醒了。那条记忆里安静的河，河面打着转的落叶，顺着河水漂到下游。

西施不禁会心地笑了，把那帕子紧紧贴在胸口，无论怎样，那帕子上的味道，是谁都模仿不来的。

心情好了，病情也渐渐好转。

范蠡整日流落街头的传言，终于传到了吴王夫差的耳朵里。闻知传言的吴王大为光火，立即召唤了范蠡。

貌似落魄的范蠡冷静地站在大殿上，面无惧色。

“孤王已经告知你无粮可借，为何还在吴国滞留不归?”

“范蠡知罪。可是殿下，范蠡两手空空，无颜面对家乡挨饿的灾民啊!”

“即使如此，你又为何不住驿馆，而且还流落街头，惹起留言，坏我吴国声威?”

范蠡闻言，赶紧跪请吴王，“殿下明鉴，范蠡实无此意。只是此时家乡的

百姓正处于水火之中，身为大夫，范蠡怎能独享食宿?”

吴王一时无言。

伍子胥见范蠡巧言善辩，且吴王又难分真假，不由得又急又怒：“勾践那厮居心叵测，大王绝不可以借粮给他!”

面对伍子胥的为难，范蠡并未慌张，稳稳地回禀：

“吴王殿下，据范蠡所知，贵国正召集诸侯各国会盟姑苏。各诸侯国愿意同吴国结盟，正是因为吴王您胸怀天下的非凡气度，和扶弱济危的高尚品行。我越国自臣服贵国以来，年年进贡，岁岁朝贺，忠诚之心，日月可鉴。现如今，若不是我越国不幸遭遇水旱灾害，粮食颗粒无收，臣万万不会来贵国借粮。贵国若能出手援助，帮我越国百姓逃过一劫，这也是展现吴国大国风范的机会，相信对号召天下诸侯会盟也会有帮助。还请大王三思!”

句句在理，字字珠玑。

吴王不禁感叹，区区败国之臣，竟然能如此淡然稳健地在吴宫大殿慷慨陈词，更难得的是他的那份赤胆忠心。

吴王找不出合适的理由拒绝范蠡，于是，当即派太宰伯嚭负责处理越国借粮一事。

伍子胥见大局已定，仰天长叹：“灭吴者，越国也!”说完，又拂袖而去，只是，大殿上竟无人理会。

范蠡带着借来的粮食满载而归。临行前，他手里拿着西施送他的麦草扇，在吴国宫外站了很久。

阳光斜斜地穿过街道，带着春天独有的如同被海水洗过的透彻，成束的光线从刚刚下过暴雨的厚云层里射出来。

运粮的车队浩浩荡荡地回到了越国，沿途向饥民发放救灾粮，百姓们都欢呼不已。勾践对范蠡成功完成任务十分满意。文种发现除了运往灾区的粮食，竟然还剩下很多余粮，于是将其库存起来，充作越军粮草，只待时机成熟，即可作为伐吴之用。只是此时的文种并未料到，这些余粮的作用远远比他想象的要大。

四、吴王纵情

（一）霸王情殇

吴王自从登上王位之后，他的宏图大业可谓是如日中天。先是南下臣服越国，紧接着北上扫平齐鲁，西边的楚国一蹶不振，中原的晋国也是苟延残喘，西北的秦国此时也根本看不出什么气候。这个即将征服天下的男人，全身都被空前的成就感充斥着，似乎没有什么是他得不到的。

身形流转，彩带翻飞，时而轻快如蝶，时而柔曼如柳。

面前的郑旦投入地为吴王舞蹈。

吴王倚靠软榻上，浅斟低酌地自斟自饮，似乎一切阳光都凝集在他身上，发出浅浅淡淡的光晕，世间的韶华光彩似乎都是属于他一般。不需强求，低眉信手间，天下运筹于股掌。

只是此时的他有些心不在焉，看着眼前飞舞的郑旦，心里却惦念着别人。

敏感的郑旦怎会察觉不出吴王的变化，忙对王说："殿下，让郑旦为您抚琴一曲可好？"

吴王点了下头。

想当初，吴王夫差就是被她的琴声吸引来的。十指灵动翻飞，琴声缓缓流淌，仿佛能流进人心里去。当时的吴王，看着临窗弹奏的郑旦，如醉如痴，他没想到一个女子的琴声竟然如此荡气回肠，摄人心魄。

郑旦款款地走到琴边，轻舒广袖，纤指拨动了琴弦。

阳光倾洒，百花嫣然，玉人抚琴曼歌。

歌声低回婉转缠绵无限。辞工虽浅白却动人，曲调甜美又不乏清丽。像一阵清风，吹进人心底深处，唤起那些最美好的时光。

"爱妃的琴艺又进步了。

“谢殿下夸奖。”

妩媚热情的郑旦，恰到好处地迎合了吴王高傲的心，一个雄霸天下的男人，理所应当在美人的温柔中得到放松。

可是，虽然美人在怀，为什么脑海里总是浮现那抹清丽孤独的身影？

西施患病期间，郑旦也时常去探望，从前的姐妹，如今共侍一主，二人之间似乎也产生了微妙的变化。

吴王下朝探望西施时，也常会碰到郑旦。他对这样的局面非常满意。同时拥有两个如此绝色的女子，称霸天下的梦想也有了眉目，美人与江山，大丈夫拼其一生的追求，他夫差就这样轻而易举地全部囊括在怀。

只是，西施对自己总是恭恭敬敬的，言语之间总是透着一种疏远，完全没有郑旦看自己时那种妩媚与热情。在西施明亮的眼睛里，总有一丝淡淡的哀伤，仿佛隔离了所有的感情和与这世界的联系，让吴王几乎觉得她的面目模糊起来，要融化到遥远的天边，让人禁不住要伸手抚摸她的脸庞，想掀开那层疏离的面纱。

这让吴王也觉得很无力，有受到冷落的感觉。

（二）取悦吴王

当白昼不断地提前，黑夜不断地缩短的时候，西施知道，又开始了一个漫长的夏天。

残阳斜照，大敞着的雕窗，透出斑斑驳驳的婆娑光线，下午的阳光就这样暖暖洒进屋来。

久病初愈的西施慵懒地靠在软榻上，光线从窗外缓缓地切割过去，变幻着天光和温度。

日暮之后，没有点蜡烛的房间，显得一片昏暗。在这些庞大的黑暗里面，西施想通了一件事。

她必须要好好地活着，只有活着，才能再与范蠡相见。

就算心里拥挤着再多的苦难，也要坚强勇敢地活下去。就像墙根下石缝里的杂草，无论别人如何压迫，如何践踏，都会在艰难的缝隙里伸展

出新的枝节。

她不会再消极，也不会再抵触吴王的关怀，因为这样，才是在帮助范蠡。能为他做的，她一定会竭尽全力。

就是这样想着，告诫着自己。

不然生命就会无望又漫长。漫长到可以把人活下去的力量全部吞噬干净。

她想通了，心情也大为不同，连为西施梳妆的婢女也突然发现，西施娘娘像到了花期的花，一夜之间就盛放了。

柔弱倾城的容貌，却燃烧着一种说不出来的力量。

这天，吴王下朝后，又来探望西施，一进院子，就被眼前的景象迷住了。

西施正站在树下。纯白色的长裙，白得几乎接近纯净的地步，似乎有无数柔和的光晕笼罩在她的白色长袍上面，泛出无限纯净的白光。

黑色的长发，随着围绕在她身边的风四散开来。

柳叶样的弯眉，星辰般的眼睛，若隐若现的甜美笑容。

那个笑容挂在她完美到几乎没有瑕疵的脸上，显得格外的神秘而诱惑。

瓣瓣飞舞的落花，旋转着粘到西施的头发上，嫣红淡粉在徐徐的清风中瑟瑟颤抖，把阳光下清瘦的侧脸装点得格外妖娆。

空气中弥漫着浓郁的香气。

非常的明显，可是却又很清淡。是从西施身上散发出来的，莲花般的清香。

夫差看呆了，无限的柔情从他的心底里涌出，轻轻抬起手，拣去粘在西施黑发上的桃花瓣。

西施微微抬起头，一反常态地对吴王说，“殿下，今天天气很好，西施陪您去花园里转转吧。”

第一次。这是西施第一次主动对吴王提出请求。

一抹笑意噙上吴王的嘴角，像是最温柔的春风掠过一般，整张脸都是动人的柔光。

他说：“好啊，那我就陪爱妃去逛逛吧。”

这也是吴王第一次对西施称“我”。

天蓝得很干净，水洗过一般，青草在阳光的照耀下显得生机勃勃。

凤鸟尾翼一般迤逦的枝丫上开着绚丽极致的花，铺天盖地怒放，春雨拂落一地的丹蔻芝华，美得那样张扬肆意。

凤凰花在这个夏天终于灿烂地盛开着，烧红了整个御花园。

西施与吴王静静地并肩站在花间小径上，西施忽然仰起脸，笑着对吴王说：“殿下，西施为您跳支舞吧。”然后就径直向花间走去。

此刻的西施站在万花丛中，身材曼妙，腰肢柔软，万种风情。

吴王再次被西施震撼。

游荡随风，化为轻絮，舞者呢喃轻语，微笑盈满了眉眼。

一袭白色的身影愈旋愈快，似要飞天的仙子，与漫天飞舞的花瓣融为一体，长长的水袖之下，眼眸如水，静静地等待，如花的绽放，像黑夜含羞的睡莲……

舞终，而此刻，谁也不愿意醒来。

桃柳轻风，夕阳横斜。霸王佳人。

（三）西施醉李

夫差义无反顾地迷恋上了西施。夏日炎炎，各地又不断有贡品送来。为了搏美人一笑，每次的贡品让西施先行挑选。为表忠心，越国向吴王进贡了一批李子，夫差听说后，马上命宫女将这些李子送给西施品尝。

西施听说这是故国送来的李子，不禁触物生情，回忆起春天与范蠡漫游李园的情景。

青山绿水，鸟鸣风清，一阵阵禽鸣此起彼伏，吵闹着整片布满李树的山川，一个世界。

昔日才子佳人，如今天各一方。

心情一时烦乱，品尝李子的心情全然消失。

吴王走进宫时，见宫女送来的李子，还原封不动地放在几案上，有些疑惑：“爱妃，这样好的贡果，为何不尝？”

“这李子采下来太久了，味道已经不鲜美了。”

“这样吗？那我命他们立即贡来一些新鲜李子！”吴王说着即欲传旨。

西施摇摇手道：“两地相距遥远，路中耽搁难以保鲜。殿下，西施想去李园亲自采摘品尝。”见西施要出游品李，吴王毫不犹豫地满口应从。毕竟她很少对他提要求，所以能做到的，他一定全力以赴。于是兴师动众，选派一批宫女，吴王亲自陪西施前往李园。

李城，吴国与越国交界之地。越国被吴国打败之后，越王勾践退居会稽，此地也就成了吴国的地界。

西施来到李城，回到故国乡土，心情也变得十分舒畅。

城里城外，李树连片成行，树头缀满殷红的李子，景色优美动人。西施在一群宫女的簇拥下，信步来到李园。那成熟的李子，青里透红，密缀黄点，外披白粉，散发着诱人的香味。

一片深深浅浅的绿荫中，清秀美丽的少女穿梭于树荫之间，举手投足间，透出一种别样的欢快活泼。

吴王看着西施，一抹微笑噙上唇边，很少见她这么高兴。

西施随手采下一颗，用指甲在李子顶部轻轻一掐，顿时果汁横溢，香气入鼻。放到嘴边一吸，李汁犹如甜酒。熟悉的味道，让西施迷恋不已。接连吃了好多颗，结果，竟被那李子醉倒了。

西施不知道，从她去过李园之后，人们就给这里的李子取名为“醉李”。因“醉”与“槜”同音，且这座城池名李，后来人们就把这里的李子称为“李”。

最奇怪的是，自从西施来过李园以后，这里长出的李，果子顶部都有一条形似爪痕的瘢纹。人们都说，这是西施吃李时留下的指甲印，称它为“西施爪痕”，从此流传千古，引为美谈。后来清朝朱竹妵太史曾在“鸳湖濯歌”中写道：“闻说西施曾一掐，至今颗颗爪痕添。”

当然，这都是后话了。

马车上，吴王怀里躺着被李子醉倒的西施。

她就那样安安静静地睡着。像一朵漂浮在水面上的莲，洁白美丽的脸上泛着小小的光晕，有一种莫名的不真实感。

吴王看着那睡颜，忽然有一种什么东西在心里胀动了一下。眼睛微微闭起来，细小的光芒在他狭长的眼睛里游走，忽隐忽现。吴王轻轻笑着，低低的磁音形成一股神秘的旋涡。

吴王对西施的迷恋，对西施的宠爱，在这个夏天，在丰沛的雨季里，正缓慢而蓬勃地朝着天空拔节。

夕阳西下，斜阳的余晖将马车的阴影拉得极长。

漫长的官道，华丽的马车。

山河依旧，物是人非。

等待，是最漫长的绝望；绝望，是最漫长的等待。

五、甜密陷阱

（一）厌倦旧宫

吴王对西施的宠爱与日俱增，日子久了，渐渐引起郑旦的不满。

每当吴王走进郑旦寝宫时，总是看她慵懒地躺在床上，见吴王进来，就翻身背对着他。开始几次，吴王还感念郑旦对他的一往情深，并未把懊恼表现出来，当然，也没有那么多温言软语。

但是，一个人的耐心是有限的，尤其是夫差这种从来都是高高在上的人，没那么多闲工夫跟她耗，特别是此时西施已经慢慢走进他的心。所以，当郑旦又一次对吴王摆出冷淡态度时，高傲的吴王彻底被激怒了。他对于郑旦的行为没做任何指责，只是，从那之后，他再也没进过郑旦的寝宫。

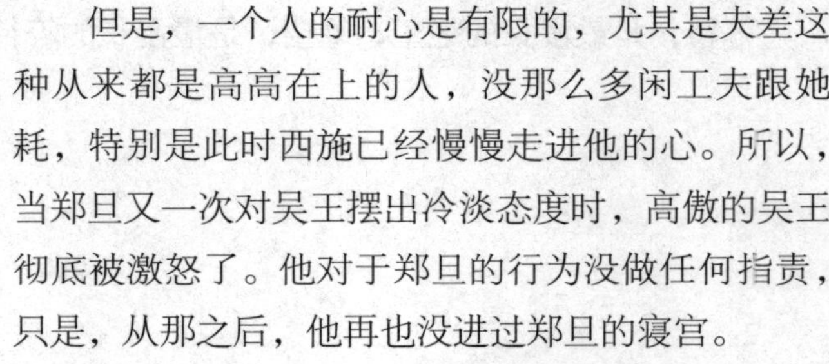

自古宫廷皆如此，但见新人笑，哪闻旧人哭。

吴王称霸的大业也在顺利地进行着。一日，出使商丘的使节回到姑苏，周天子请使者转达对吴王的问候。天子年事已高，龙体常年欠安。天子对吴国扶弱济危安天下的功德给予了充分的肯定，对诸侯会盟的事情就不亲自过问了。吴王十分满意周天子这样的回复，周天子完全授权，今后吴国便可挟天子之威，遍令天下诸侯。

这样的结果，是吴王夫差意料之中的。自从平王迁都商丘以来，天子面对势力雄厚的诸侯，就已经力不从心。从最初的齐桓公，到晋文公，到楚庄王，没人将天子放在眼里。诸侯会盟搞了很多次，天子出席会盟，不过是让霸主们更加觉得理直气壮而已。几次三番如此，周天子早已经烦不胜烦，干脆任凭霸主们折腾，自己只管颐养天年。

吴王即将成为天下最有权势的男人，站在顶端，藐视一切。

反正朝中没有什么大事，诸侯会盟机会也是板上钉钉。吴王开始把所有心思都放在西施身上，自西施打开心结之后，也开始渐渐不再抵触吴王的柔情蜜意，二人尽情把酒言欢，日日笙歌。

“西施，为我弹支曲子吧。”不知从何开始，吴王对西施只用“你我”称呼了。

“大王想听什么?”西施微笑着问。

“什么都好。”只要是你弹的。

西施轻轻落座在琴前。

手触琴身，竟似情人爱语般温柔。

活泼的旋律，清澈的泛音，堆出层峦叠翠，幽涧滴泉的奇境，不知不觉溪涧蜿蜒婉转，化冰成水、融雪为泥……

几根素弦揉得光影流转、生机盎然，仿佛水流无息、山石自在。

吴王定定地看着西施，有如被施了法术一般，碰上佳人从琴中抬起的美眸，目光相撞，一抹不易察觉的微笑浮上西施的嘴角。

玉手轻挑，曲子突然变得声势浩大，气魄恢弘，好似身处涛声水幕倾泻之间，水气扑面，只得屏息以对……

心如流水，那一刻仿佛时间都停滞不前。

直到乐曲临近结束，音势已减，恰如奔腾的江水终于汇入大海，恰如秋雨骤停，梨花满树……

一切归于平静，归于自然……

吴王移不开自己的眼睛，他的眼和心随着她的一颦一笑而动，她的阳光般的微笑，散发着七彩的光芒。

委婉的旋律深深地温暖了他的心，心中的千年冰峰“喀喀喀”地裂开了，化成了温柔的溪水，流淌在心间传遍了全身，潺潺的，舒缓的，荡起了一圈又一圈的涟漪……

一曲终了，四目相对，眸光迷离……

吴王心安理得地沉溺与西施的缠绵，三五日不上朝听政已是家常便饭，尽管伍子胥忧心忡忡，可是也于事无补。伯嚭这种奸臣更是抓住了这个时机，凭借花言巧语，频繁

跟吴王接触。吴王懒得上朝，但仍有国事需要处理，于是就特许伯嚭可以出入西施寝宫，以传达政令。

一时间，伯嚭成了吴王与众臣之间的沟通纽带，百官有事上奏，见不到吴王只得找伯嚭；伯嚭代吴王发布政令，大臣们只能不折不扣地去执行。伯嚭突然成了一人之下万人之上的风云人物。在这种形势下，刚直的伍子胥曲高和寡，尽管还是相国，但几乎没有什么影响力，只是空有一个头衔而已。

高傲的吴王日复一日地面对西施寝宫单调的景色，他终于还是厌倦了。

太宰伯嚭一向善于察言观色，他了解到吴王的苦恼，于是开始为大王出谋划策。

“大王，臣这有一个小礼物献给大王。”伯嚭谄媚地说道。

“呈上来吧。”吴王慵懒地说。

礼物装在一只巨大木箱里，有几个侍从抬着木箱进了屋。吴王命人打开木箱，呈现在眼前的竟是一座宫殿的微缩模型。模型的制作十分精巧细致，雕梁画栋，亭台楼阁，都清晰可见。

“大王，这栋宫殿名叫馆娃宫，臣将它选址于东郊太湖之畔，这样一来，大王就可夜夜枕浪而眠，颇有情趣。”

“爱卿的想法听起来不错啊！”

“大王，这座宫殿还有更出奇的特点，就是这座宫殿中设有响凓廊。”

“何为响凓廊？”

“大王，这响凓廊是由薄木地板覆盖数十只陶缸而成，若是西施娘娘脚踩木屐在长廊上起舞，木屐轻叩地板，声音在木板下的陶缸里辗转传出，就会成为美妙动人的音乐。”

“好！爱卿有心了！孤王这就令你全权负责这馆娃宫的建造工程。”

“微臣遵旨。”

伯嚭得到吴王授权的那天起，吴国国库就向伯嚭敞开了大门。他肆意地提取钱币，打着建馆娃宫的名号，不知有多少老百姓的血汗钱都流进了他太宰府。

（二）巨木计划

馆娃宫的建造工程，在吴王一声令下中如火如荼地进行着。一时间，全国各地的能工巧匠都汇聚在姑苏东郊的太湖之畔，石料沙土源源不断地运来。

在东山，伯嚭特意开凿出一巨大的火窑，窑火日夜照天烧，就地赶制红泥砖瓦。所有赶工的工匠，每餐必食太湖之鱼，以至于在工程结束之时，太湖湖畔已经再难见到鱼儿的踪影。

馆娃宫的建造工程十分浩大，工程需要大批巨木。伯嚭发动全国的樵夫，重金收购所有百年以上的参天大木。可是，所购巨木，木质疏松，韧性不足，根本不能作为栋梁之用。眼看工期紧逼，伯嚭急得如热锅上的蚂蚁，完全没有头绪。

吴国要大兴土木的消息很快就传到了越国。越国大夫范蠡，再一次敏锐地捕捉到了反击吴国的机会。

“大王，微臣认为，吴国大兴土木必然会掏空国库，势必国力大损。现在的吴国表面上无限风光，但实际上，吴国这些年在南征北战中，已经元气大伤。夫差那厮为了谋求霸主地位，四方树敌，遗患无穷。此番大兴土木，更是自取灭亡。我越国不如助他一臂之力，给他提供上等良木，使其建造工程顺利进行。”范蠡沉稳地分析道。

越王勾践闻言，点头称赞道：“爱卿，这是个好办法。我越国西南山区，良木众多。文种，你负责组织人马，进山采伐。”

“大王，微臣觉得此事还有不妥之处。范大人的主意虽然不错，但是实施起来难度颇大。给吴国提供良木，的确可以有损吴国国力，但是采伐大批良木需要大量的人力，而且由越入吴，路途遥远，计算下来也是一笔庞大的开支。到时只怕吴国国力未损，我越国国力先受损了。”文种忧心忡忡地说道。

范蠡听了文种的话，一丝不易察觉

的微笑噙上嘴角，淡定稳重地说：“文种大人不用担心。负责此次工程的是吴国太宰伯嚭，这个人与我越国关系非同一般，何况他现在正为良木紧缺的难题所困扰，咱们提供良木为其解决问题，除去良木本身的价钱，和采伐运输的费用，适当的抬高木材的价格，相信他定会答应。这样一来，微臣预计，我国的国库库银可因此翻上一番。”

勾践显然有些喜出望外：“范大人，这可真是妙计啊！跟伯嚭交涉这件事，还是要你费心去办妥啊。”

“微臣遵旨。”

范蠡领旨后，迫不及待地起程，马车又一次经过那片李子果园，满眼的郁郁葱葱，一阵阵果香扑鼻而来。仿佛又看见那抹清丽的身影在林中起舞，再一转眼，又只剩下一片幽深的李林。

那些往事，全部从内心深处翻涌起来，感觉发生微妙的变化，像是时光突然倒流，一切逆转着回归原始。那个久远的夏天，那片茂盛的李园，那些曾经以为早被遗忘的事情，在这一刻又全部从记忆里被拉扯出来。像是一幅放旧了的画卷，映出一个熟悉而又陌生的世界。

轻风拂过，纷飞零落的树叶竟有一种说不出的沧桑与悲凉。

范蠡日夜兼程马不停蹄地赶到姑苏太宰府。

范蠡大致地表达了来意，伯嚭得知范蠡雪中送炭，不由得心花怒放。交易商榷很快得到双方一致认可，伯嚭根本也搞不清楚，一根巨木由越入吴的真实价钱，况且花的是国库的银两，结果价格定的比范蠡想的还要高。

范蠡当然没有放过这个拉拢伯嚭的机会，日后必定有用他的时候，于是范蠡把货款的一部分返赠给伯嚭，伯嚭坦然接受，心里早就笑开了花。

办好公事，范蠡又在吴国盘桓数日，暗中与潜在吴国的探子联络，打听西施现状如何。可是，事情并未如他所愿，自从西施得宠以来，吴王仿佛把她藏了起来，越国的探子竟一点西施的消息都打探不到。最后，那探子不确定地告诉范蠡，似乎建造新宫殿与西施姑娘有关。

一只鸟突然飞过头顶，尖锐的鸣叫声在空气里硬生生扯出一道透明的口子来。

血从心底溢出来，蔓延到全身。大风从黑暗里阴阴地吹过来，一瞬间像是卷走了所有的温度。

西施，你果然做到了。

等着我，我一定会带你离开这是非之地。

范蠡风尘仆仆地赶回越国。文种开始组织人马，进驻越国西南山林。大批百年的楠梓，被扛出深山，编成木排丢进溪流顺流而下。走完溪水进入浙水，出浙水沿岸北上，然后逆苏州河缓慢进入太湖地区，最后在工地的一处码头上岸。

所有木材晾干后，就由伯嚭从各处搜罗来的能工巧匠们加工成雕栏画栋。

这个漫长的夏季，越国的巨木络绎不绝地沿着那条曲折的水路，进入吴国馆娃宫工地。而吴国国库里的钱币也被源源不断地运到越国会稽，充盈着越国国库。

（三）馆娃宫中

三个月之后，经过成千上万个工匠日夜不息的奋力工作，气势恢弘的馆娃宫终于正式落成。

楼阁玲珑，金碧辉煌。

馆娃宫的楼阁殿宇堪比整个吴宫，设计最为独特之处是其与周围的环境搭配和谐，整个宫殿与太湖之畔的自然风情浑然一体，仿若天成。宫殿方圆十里，其间有山有池，有林有径。

馆娃宫中的香山和夕山，东西遥遥相对，相映成趣。

夕山伫立在整个宫殿的西边，背着太湖而面向姑苏城，是将馆娃宫与世俗世界隔开的一道天然屏障。夕山上建有一座气势恢弘的楼台，站在台上眺望，便是繁华喧闹的姑苏城，吴王将此楼台命名为“望姑苏台”，即是后人口中大名鼎鼎的“姑苏台”。

姑苏台是馆娃宫的东门，也是吴王召见文武百官的地方。此时，诸侯会盟已经结束，吴王夫差就是在这里接受各国诸侯朝贺，如吴王所愿，他终于成为

春秋时代的又一位霸主。

之前也有些诸侯对吴王称霸并不服气，可是，当他们看到规模浩大气势宏伟的馆娃宫时，却不得不心服口服。如此恢弘的建筑只用了三个月就完成，足以看出吴国国力的雄厚。

只是，当大家都惊叹于吴国的强大时，有一个人却看到了这浮华背后的巨大隐患。这就是齐国君主，齐简公。

当年，齐国是春秋时代的第一个霸主，齐国称霸的时候，吴国还是个名不见经传的小国。

齐桓公之后，齐国的君主们大兴土木，好大喜功，导致国力受损，最终失去了霸主地位。

所以当齐简公游览馆娃宫时，他看到了吴国衰亡的征兆，他不由得想到去年吴兵大军压境的情景，被迫臣服的屈辱。

与夕山遥遥相对的香山，是整个馆娃宫中最具风情之地。香山背姑苏面向太湖，夕阳西下时，霞光万顷，将整个太湖的水面映成红色，苍翠的群山倒映在水中，粼粼的波光反射入眼，那是一种道不清的柔和灿烂。

吴王乔迁至馆娃宫的当天，就迫不及待地带西施来到香山。

山中有玩花池、赏月台，立在池台之上，眼前郁郁葱葱，碧波万顷，一片生机盎然。

山峰并不很高，只是缓缓的坡度，潺潺的流水欢快地奔涌而去，见不到边际。山涧湖水清澈，印着蓝天白云，恍若远离尘嚣。

青山绿水，鸟鸣风清，一群群鸣禽此起彼伏，吵闹着整片山川。

西施抬起头，看到的是吴王那精致的笑脸，精致美好得如同幻景。他像是一个蕴着光的神明，霸气凛然，美轮美奂。

感觉到身后的目光，吴王回头望向西施，眼神深邃而明朗，直抵人的魂魄。

“这是我送给你的礼物。”

吴王指着眼前的风景对西施说。低低的嗓音有一种说不出的神秘与蛊惑。

西施不由得低下头去，微微地红了脸。

那一句短短的“谢谢你”没有出口，却在内心里反复地诵读，像是山谷里往返的回声。

被吴王灼热的目光注视着，西施突然有些心慌，那双深邃的眼睛好似能看穿灵魂，融入身体。

“大王，为了感谢您的礼物，西施为您演奏一曲吧。”为了掩饰内心的慌乱，西施淡淡地说着。

“好，我这就命人把琴送来。”声音充满了宠溺。

“大王不用麻烦，西施可以用这山中之物为您演奏。”

说着，西施款款地走向一棵柳树，伸手摘下片叶子，衔在嘴中，曲调悠扬流泻而出，一段婉转轻快的旋律悠悠地飘荡在香山上空，温柔地安抚着世俗的烦躁。

雪白的绸衫在暖风中飘动，柔顺的青丝自由地垂着，随风轻轻摇摆、微微晃动，如瀑布轻泻，如海浪微涌。

柔和的霞光，把那倾倒众生的绝色容颜映衬得更加动人心魄……

对不起，谢谢你。这句话被西施深深地藏在心底。

只是骄傲的吴王并不知，这段感情从诞生的那一天开始，就注定了要消亡。

在夕山与香山之间，便是依山而建的馆娃宫，这座宫殿并不追求高大宽阔，而是重视精巧含蓄。馆娃宫有寝房上千，无一重复。房间的大小、形状、室内陈设布置，更是无一相同，千姿百态。

在这座宫殿中，连接上千寝房的是百余条游廊，其中最著名的就是那条响屟廊。

为了给西施更多的惊喜，吴王并未告诉她这条游廊的奥秘，只是让她踩着制作精美的木屐，在响屟廊上跳一支舞。

木屐或重或轻地叩击脚下的木板，由于木板下的陶缸深浅大小不一，所以回声各异。西施十分聪颖，很快就领略到响屟廊的妙处，于是，舞步流转，衣袂翻飞，腰似杨柳，媚眼如丝。或高昂或低沉的音符被轻快地连点成线，舞姿与音乐浑然一体，音乐就好似无形的舞姿，舞姿则是有形的音乐。

西施踏着节拍，在晚风中不停地旋转，旋转……

吴王沉浸在眼前似真似幻的美景中，感受着自己心里那股甜蜜温暖的感觉。

湖边一朵朵盛开的荷花，散发着醉人心脾的清香，丹霞映目，照亮了谁迷醉的眼，荷香轻飘，撩起了谁痴恋的心……

太湖美景，霸王美人。

从迈进馆娃宫起，吴王夫差就忘记了吴宫，忘记了吴国。

各路大臣有事就找伯嚭，伯嚭为了不打扰吴王，常常自作主张发号施令。只有在诸侯国前来进贡，这种能烘托吴王威仪的事情发生时，伯嚭才会前往姑苏台，献媚邀功。

相国伍子胥心明眼亮，他深知吴王这种行为的后果会不堪设想，只是孤掌难鸣，无人理会他的意见，只能终日幽愤不已地蛰居在相国府。

吴王彻底沦陷在这个巨大的甜蜜陷阱里。他不知道，横在自己前面的，是一条大峡谷，深不见底。

一切平静都是龙卷风袭来前的假象。地上的草屑纹丝不动，树木静止如同石像。那些平静的海水下面，是汹涌的暗流，推波助澜地翻涌着前进。

六、终成眷属

（一）还粮阴谋

越国在八年不断发愤图强中暗中积蓄，国库充盈，谷仓满满，兵营将士个个凶猛，百姓爱国激情日益高涨。

转眼，又是个丰收的时节，越国田地里谷穗麦粒颗颗饱满。越王勾践身体里那种沸腾的感觉又回来了。全身的血液仿佛都燃烧起来，带着不可抗拒的热度，冲上黑色的天空。

蛰伏了几年的理想，从心里柔软的角落里苏醒。

该是还粮给吴国的时候了，勾践召文种、范蠡进行商讨。

“两位爱卿，此番丰收之际，正是我军将士挥戈伐吴的好时机。你们可有进兵之策?”

范蠡眉头轻蹙，他何尝不想早日破吴，早日与西施团聚，只是，此时的形势不利于越国伐吴。

“大王，微臣以为现在还不是我越国进攻之时。天下才刚刚诸侯会盟姑苏，吴王身为诸侯霸主，上挟天子之威，下遣诸侯之兵，我越国若此时攻吴，只怕会引起天下诸侯的共伐，如若如此，非但不能报仇，还会引来亡国之祸。”

“那依你之见，难道要将我越国上等粮食归还给吴国不成?”越王明显面露不悦之色。

“大王，范大人所言不无道理，伍子胥老奸巨猾，有他在，我们不得不有所顾忌啊!”文种一边劝说道。

“在给吴国致命一击之前，我们万万不能打草惊蛇，所以我们必须主动还粮，可是这样一来就会助长吴国势力，真是……”范蠡眉头紧蹙着说。

“大王，臣想到一计。”文种忽然

兴奋道，“现在我国粮食颗粒饱满，而吴国粮食颗粒空瘪，吴国收到我国的还粮，必然将我国的粮食分给百姓，作为良种播种。如果我们将粮食炒熟再送还，一旦吴国用作良种，那么来年必将颗粒无收。”

“爱卿好计策！你去组织百姓，生火炒粮，再收集起来运往吴国！”

范蠡担心如此高调行事难免会走漏风声，而且一旦被伍子胥识破这个计划，那后果不堪设想。于是他建议由文种组织百姓，修筑堤堰开拓荒田，然后让各家各户将粮食炒熟，作为带往工地的口粮。再将炒熟的粮食收集起来，一半运往工地，一半运往吴国。如此一来，既可兴修水利，又能拓宽田土，保证明年的丰收；还可掩人耳目，使文种的计划顺利进行。

伍子胥看到越国大兴水利，利国利民；而吴国却挥霍巨资建馆娃宫，劳民伤财，相比之下，他预见到不久的将来，吴国必然败给越国。

可是聪明的伍子胥并没有看出，越国还的粮食里面蕴藏着巨大的阴谋。

计划在顺利地进行着。范蠡押运粮食来到姑苏，请求伯嚭引荐吴王，当面向吴王表达越国百姓的感恩之心。

于是吴王在姑苏台上会见范蠡。

“吴王殿下，承蒙您厚恩大德，越国百姓才种出如此颗粒饱满的粮食。”说着将一袋谷物献上给吴王。

吴王打开粮袋，见里面的粮食果真是颗颗饱满，马上龙颜大悦。

“果然是名不虚传！太宰伯嚭听令，孤王命你将这些还粮分发到百姓手中，作为良种下田，到了明年，我吴国也可以像越国一样大丰收。”

“微臣遵旨。”伯嚭叩拜接旨。

范蠡站在姑苏台上，眺望远处的馆娃宫。

抬起头，迁徙的鸟群从天空飞过。秋日的天空澄澈碧蓝，一些浮云在天上缓慢地移动着。

从西施离开到现在，一晃已经快三年了。她的音容笑貌在记忆里如从前一样深刻。

闭上眼睛，她还是会为自己在树下快乐地翩翩起舞。

她还是会和自己一起携手到郊外去看夕阳晚霞。

她还是会和自己花费整天休息时间去做两个人都不拿手的蝴蝶纸鸢。

她还是会和自己并肩依靠着说些有趣的故事。

舞技已经十分纯熟的她依然会为自己不经意的夸赞兴奋不已。

她依然会和自己拿柳叶吹家乡小曲，声声飞扬。

突然想起西施临别前说过的话，她说："少伯，就算分离得再遥远，可是头顶上，都还会是同一片星空啊，所以，无论什么时候，我们都不会觉得孤单。"

在离开西施的这些漫长的日子里，是她说过的那些话，让范蠡在寒冷的黑夜里，重新感到温暖。

（二）波涛暗涌

美酒佳肴，日夜笙歌。吴王依旧高枕无忧地忘情于馆娃宫，天下的形势悄然发生着变化，而他却浑然不觉。北边的齐国终于按捺不住，陈兵鲁国边境，发誓不灭鲁国不撤兵。

三年前，吴王野心勃勃要发兵山东，征服齐鲁以图霸业，苦于没有借口。恰于此时，齐鲁之间突起争端，齐国联络吴国同伐鲁国，吴王夫差喜出望外，不听伍子胥的极力劝阻，发兵淮水之北。鲁国自知难以抵抗两大国的南北夹击，选择向齐国示弱投降。齐国本也不想开战，既然目的达到了，就立马收兵，同时告知吴军，伐鲁的军事行动到此结束。

夫差闻之十分恼火，堂堂东南大国竟被齐国玩弄于股掌之上，招之即来挥之即去。军队一旦行动，粮草兵器消耗极大，齐国的目的达成，而吴国却一无所获。鲁国得知夫差的恼火，趁机联络吴国反扑齐国。

于是，吴国与齐国展开了第一次交锋，结果齐军以失败告终。此番齐国再次挑起战端，是因为齐简公从异常奢华的吴宫，看出吴国已经是外强中干，所以才无所顾忌地剑指鲁国，报当初鲁国引吴军攻齐之仇。此时，孔夫子正在鲁国著述诗书，得知齐国已经出兵于边境，遂派弟子子贡救国于危亡之中。子贡利用各国之间错综复杂的联系，

不辞辛苦地游说列国，以其超人的智慧与辩才，引导相关诸国合纵连横，设下一个个螳螂捕蝉黄雀在后的局。

在这场声势浩大的较量中，齐国国力大损，虽胜犹败，鲁国却有惊无险，最终安然无恙，而吴国的霸主地位土崩瓦解，越王勾践隐忍十年，大仇得报，晋国的出兵则埋下分裂的隐患，使得日后韩、赵、魏三家分晋，轰轰烈烈地展开七雄争霸的战国画卷。

当然，这也是后话。

尽管此时的吴王依然沉溺与西施的温柔缠绵，但是敏锐的伍子胥已然觉察出山雨欲来之势，相国府派往各国都城的探子，将各诸侯国的一举一动都及时地反馈给伍子胥：勾践已经练成万余精兵，国库充盈，粮仓满满，其陋室中依旧悬着苦胆和寒光闪闪的越王剑。

吴国是天下的霸主，齐国竟然不经过吴国的同意，就悍然进犯他国，说明齐国已经看出吴国现在的实力已大不如前。齐国如此高调地大张旗鼓地攻打鲁国，实际上是将矛头直指吴国。

鲁国的使者子贡已经从齐国返回，正走在来吴国的路上。他之前在齐国都做了什么，此次来吴国是何目的，两鬓苍苍的伍子胥猜不出来。时间无情，如潮水一般覆盖着每个人的生命。垂垂老矣的伍子胥已经有些力不从心。

即使如此，伍子胥还是清楚地意识到：吴国真正的威胁来自越国，而且这个威胁越来越近。吴国已经被夫差折腾得虚弱不堪，但瘦死的骆驼比马大，只要吴国稳住局势，越国也不敢轻举妄动。

一路风尘，子贡日夜兼程赶到吴国姑苏台，虽然他身材矮小，面目朴实，但漆黑的眼睛里却闪露出不易察觉的精明。

骄傲霸气的吴王依然居高临下，平静地听子贡的哭诉，齐国如何欺人太甚，请霸主一定要为弱鲁主持公道。

吴王听完子贡陈述缘由，很是淡定，久不问朝政的他并没察觉出这其中暗藏的隐患。

"尔等且不要惊慌，孤王立即召集诸侯会盟，声讨齐国的侵略行为！"

子贡停止哭泣，动情地说："当年，若不是吴军相助，我鲁国已被齐国吞灭，鲁国臣民对吴王感恩戴德。我鲁国现在全部兵力不足两万，而这次齐国十万大兵倾巢出动，齐简公用心险恶啊！"

"他有何用意，从实道来！"

"吴王殿下，鲁国夹在齐吴之间，齐灭鲁不过在举手之间，齐国之所以出重兵其意在吴国啊。齐简公对当年吴国的北伐始终耿耿于怀，灭鲁只为陈兵吴鲁边境，实为在做攻吴的准备。"

吴王闻之，恍然大悟同时也怒火中烧，当即召集文武百官到姑苏台商议。

武将们个个义愤填膺，请缨北上灭齐。文官们却面露躲闪之色，几年的安乐生活使得众人慵懒不堪。

这就是吴国每年花重金养出的人才。伍子胥冷眼看着这些食国之禄、坏国之事的文臣武将，不禁愤然起身，其骨铮铮，其言凿凿："吴国现已难自保，哪还能出兵救鲁？齐国起十万强兵，居心叵测，但想要千里奔袭我吴国，却是自不量力，自取灭亡。但是，那南越着实让老夫寝食难安，勾践那厮自归国之日，悬苦胆与利剑于陋室之中，大兴水利，国力日积月累，已成气候。同时，南越开矿冶铁，打造长矛利刃，万余精兵日夜操练，其灭吴之心不死，这才是我吴国最大的威胁。所以，大王，如今吴国只可岿然不动，以逸待劳，方可保江山社稷不败！"

虽然吴王很不喜欢伍子胥，文武百官也和他不和，但他的这番分析却十分在理，不容反驳。吴王看向子贡，面带难色。子贡随机应变："伍相国之言让子贡钦佩不已。吴越休兵十年，吴国宽大仁慈，换来越国的忠心耿耿，这是天下诸侯有目共睹的。正是吴王有如此的胸怀气度，才使得天下诸侯应召而来，会盟姑苏，南越小国是否阳奉阴违，暗怀灭吴之心，子贡倒是愿意为吴王走一遭，一探虚实。"

吴王闻言大喜："子贡以旁观者的身份入越，必能探知详情。"

子贡领旨后，便马不停蹄地赶往越国。勾践、范蠡、文种在郊外郑重地迎接。

“南越地处偏僻东海，地窄民稀，子贡大人远足而来，不知有何贵干?”

“子贡此番是来吊唁越王的。”

勾践听之十分恼火，却引而不发：“大人，何出此言?”

“子贡本来入吴求救，吴王开始已经答应救鲁伐齐，可是伍子胥对贵国心怀戒备，怂恿吴王先诛越国，再北上伐齐。”

勾践大惊失色：“大人可有什么办法?”

子贡缓缓地说：“越王，您有复仇的志向，却引起仇敌的怀疑，这种做法实在很是愚蠢。越国要自救，就一定要消除吴王的猜疑。”

范蠡诚恳地望着子贡道：“吴国欲伐齐国，我越国定当鼎力相助。但是请子贡回吴告知吴王，我越国愿出精兵五千，随大王征战齐境。”

能够在最短的时间内，做出对自己最有利的选择，子贡不由得对范蠡刮目相看。

子贡返回姑苏台，将越国的事告知吴王。吴王听后，将信将疑。五日之后，当吴王看见姑苏台下浩浩荡荡的五千越甲，顿时对越国的忠心深信不疑。

早已受过贿赂的伯嚭，再一次发挥了他的作用：“大王，越国臣服于大王，其忠诚真是日月可鉴。我吴国也应该将心比心，越国本无多少兵力，还要抗拒岭南蛮夷，所以大王不宜用越兵伐齐。”

于是，吴王一声令下，五千越甲原封不动地退回越国。

吴王开始积极筹备兵力北上，大张旗鼓，斗志满满。

而此时的子贡却披星戴月，马不停蹄地奔赴中原晋国。

大战将至，吴王仍然自信地沉浸在甜美而温暖的睡梦中。

一切都是暴风雨前的宁静。看似平静的水面之下，正隐藏着前所未有的暗流和危机。

（三）吴军征战

十万精兵强将整装待发。伍子胥始终不同意吴王出征，二人相持不下，最

后伍子胥不得不死谏姑苏台。

吴王震怒，他对伍子胥早就没有耐心，于是，将鱼肠剑丢在他面前，赐其自刎。

伍子胥拾起鱼肠剑，心中百感交集。当年他授计夫差，正是用这把鱼肠剑，杀死了公子王僚，夫差才得以登上王位，而今自己却要死在此剑之下。

君要臣死，臣不得不死。

伍子胥瞬间感慨良多。他并不是怕死，只是这样死得毫无意义，他的死并不能阻止吴国走向灭亡。

伍子胥缓缓地抬起头，愤怒而又坚定地望着吴王："子胥死后，请大王将我的头颅悬于国之南门，让我看到越兵破吴的那一天!"

热血飞溅，势如飞虹。

吴王冷冷地看着伍子胥死不瞑目的尸体，幽幽地说，"你都死了，又怎么能看得见?"

最终，吴王还是命人将伍子胥的头颅悬于姑苏城的南门之上。

风几乎要将天上的云全部吹散了。

秋日里的天空，总是这样凌厉又高远。风仿佛吹了整个世纪，吹得什么都没有剩下。只有道道白光，从天空僵硬地射下来。

巨大的广场上，旌旗招展，骏马驰骋，战将如神。吴王寒眸微眯凝视着台下一切，脸上没有一丝表情，一身寒冷的戎装，在光芒的照耀下，金属的强硬光泽混着他那与生俱来的万丈凌云之气，甜蜜安逸的生活并没有磨去他万夫不挡的威风。

他像神一样，居高临下地站在姑苏台上点将，定于次日出兵北伐。

誓师完毕，安排妥当的吴王，回到馆娃宫与西施道别。此番出征即便是马到成功，也需三五十日才能回来。

江山和美人，英雄可以兼得，却难以兼顾。

日夜陪伴在吴王身边的西施已经得知吴王即将出征，同时她也深深地预感到，

吴王这一去，就是与自己的永别。

可是却没有想象中的那么令人振奋和期待。

内心竟然像是森林深处的安静湖泊，没有一丝的涟漪，即使刮过狂暴的旋风，水面依然如镜般平滑。镜面上倒映着曾经绚丽的年华和赠予这些年华的那个人。

西施抬起头，只见夕阳的余晖笼罩在整个馆娃宫，影影绰绰的黑色树木映衬在橙红色的天幕下，华丽却恐怖。一阵清凉干爽的秋风吹过，纷飞零落的枫叶突然让人觉得有一种难以言说的沧桑与悲凉。

西施开始觉得吴王很可悲。对他一网情深的女人被他抛至脑后，而他却挖心掏肺地对待一个早就心有所属的女人，并且为这个女人付出了来之不易的一切。

一场注定没有结果的爱情。一场注定要消亡的爱情。

西施也不明白吴王于她，究竟是爱情，还是仅仅为了满足他大男人的征服欲。

可是，再伟大的男人也是征服不了一切的。

转过身，西施看到了吴王。夕阳最后的光芒全都集中到了他脸上，强烈的光芒使人不得不微微眯上眼睛。明亮的阳光淡化了他五官的轮廓，唯独那一双深不见底的眼睛灿若明星。

暮色四合。黑夜如期而至。

西施投入地为吴王舞蹈着。踏着轻盈舒缓的舞步，裙摆轻扬，长发飘散，旋转间，风生水起。碎钻一样的星空旋转成一片光海，坠落，淹没。

月光照着她华丽的长袍，长袍在月亮的冷色光芒下泛出华丽的色泽。

吴王没有说话，脉脉地望着眼前这个倾国倾城的女人。

西施被他的深情目光钉住了脚步。月色真的很美好，可是吸引人的不是那如水的月光，而是月光中落寞孤单的身影。

俊朗清逸的面庞，记忆中明亮如星的眼睛被睫毛遮住，让人无法通过这道窗户看清他心中的波澜。

“大王，还记得您第一次带我来这里，我为您用柳叶吹的那支曲子吗？”

“让我再为您吹奏一次吧。”从哪里开始，就在哪里结束吧。

清凉的月光下，有如仙人般的女子唇角微扬，玉手轻执柳叶，曲调悠扬，其声袅袅，如怨如慕，如泣如诉。

她神色肃穆而高贵，脸上浅浅的微笑令人觉得很安静。轻轻吹奏着柳叶，仿佛是对爱侣的絮语，低低的，甜蜜而温柔。

天地间，好像只剩下笛声在倾诉一个凄美的传说。

如水的月光，洗尽的不过是往昔的美好。

此时的西施与吴王的心里都挤满了无数难以言说的情绪，这些情绪在这充满浓郁忧伤的空气里微微地酝酿、发酵，然后扩散向更加遥远的地方。

太阳就这样在西施茫然的眼神中，一点一点地升起。眉眼间却有着一抹挥之不去的淡淡忧思。

那一夜，未流过的眼泪，猝不及防地，不期而至。

她被狠狠压进那厚实宽阔的胸膛，熟悉的温暖和味道又将她紧紧缠绕。

永别了，吴王殿下。

西施强烈地预感到，吴王必将一去不返。范蠡终于要来接她了。

吴王在招展的旌旗下跃马西去，如蛟龙跃天，无与伦比的威严，说不出的桀骜不驯，可那瑟瑟寒风下的背影竟显得无比的孤单、清冷。

吴王亲率十万大军从北门出姑苏城，绵延不绝的队伍走了一天一夜。

第四日，吴王抵达鲁国边境，鲁哀公迎至边境，以商定吴鲁联军进攻的战略。

驻扎在齐鲁边境的齐国将士，得知吴王北上的消息，个个精神抖擞。

原来，子贡早在齐军大兵压境的危急时刻，孤身深入齐国游说齐简公。子贡对齐简公仔细分析了大局：鲁国是小国，不值得齐师大动干戈，况且鲁国之南，还有吴国虎视眈眈。贵国灭鲁意在攘吴，灭鲁只在举手之间，但是灭鲁后再移动大军南下攻吴，齐军长途奔袭，而吴军以逸待劳，于齐国很是不利。不如坐等吴军送上门来，关门打狗，岂不更好！

因此，吴国出兵正中齐简公下怀。齐国和吴国的第二次交锋就此拉开序幕。

吴兵挟霸主之气势，锐不可当；齐兵欲雪当年之辱，殊死拼搏。双方厮杀得难分难解，彼此都死伤惨重。

就在齐吴战事正酣之际，子贡又马不停蹄地跑去晋国设局。

晋定公是个得过且过的人，袖手旁观地看着邻国战火纷飞。子贡的到来却改变了他对战局的态度，子贡诚恳地对他分析："人无远虑必有近忧，城门失火殃及池鱼。吴国将士骁勇善战，齐国必然不敌，届时吴国挥戈西进，晋国必然措手不及。定公无须主动参战，但有备无患，应做好应战准备。"

晋定公闻言，如梦初醒，赶紧命人着手行动起来。

果然不出子贡所料，齐兵终于不支，残兵败将一溃千里。吴王正杀得眼红，突然无仗可打，没有了对手，心中一时狂躁不安起来。

某日，吴王得知中原晋国正在整军备战，军中谋士火上浇油，说晋国有与吴国争霸的野心。骄傲的吴王勃然大怒，立刻挥戈攻打晋国，反正都来了，索性打个痛快。

计谋多端的子贡之所以要挑起吴晋之战，是有原因的。吴王在成为天下霸主的那一天起，他就成了众矢之的。虽然吴鲁相处和睦，吴军又先后两次救鲁国于危亡之际，但是身处强吴之侧，总会遭受兵祸连累。如果可以利用吴国打垮北方的齐国，再利用晋国拖垮南边的吴国，夹在大国之间的鲁国就可以和平安宁地度日。

一切都向着子贡的没想发展。

晋国本无争霸之心，是身为霸主的吴王猜忌心思太重。所以当吴军挟残力余威进贡晋国时，晋国采取坚壁清野严防死守的策略。吴师本就是强弩之末，此番久攻不下，早被拖耗得精疲力竭，最致命的弱点是粮草不足。鲁国自称粮仓虚空，对吴军的困难有心无力，无奈，吴王只得派人回国催促粮草。

坚守在吴国的伯嚭接到筹集粮草的命令时，才发现粮仓早就空空如也。

因为，越国送来"良种"，使得吴国大片的田地颗粒无收。文种深谙农业之道，吩咐将还粮炒热即可，这样既看不出来是炒过的，种下后又能生根发芽，但是种子的内核早已经遭到破坏，长出的幼苗根本不可能结得出粮食。

吴国筋疲力尽的五万残兵，望眼欲穿地等待粮草，却毫无结果。吴王深知攻晋无望，只得鸣金收兵，班师回国。

可是祸不单行。在吴王回国的途中，传来越军乘虚而入的消息，负责姑苏防守的伯嚭早已投降。骄傲的吴王殿下万万没有料到，自己拼命在前线厮杀时，自家的后院却起了火。

吴王闻讯，怒火中烧，紧急命令将士急行军，信誓旦旦地要回国镇压叛乱。

（四）抱得美人归

早在吴国军队刚出姑苏的时候，勾践就已经迫不及待地要攻打吴国，但是被范蠡文种死命劝阻。直到吴军粮草短缺，将士忍饥挨饿，军心涣散的时候，范蠡才带领一万五千精兵良将，一路风驰电掣地奔吴国而来。

吴国的精锐部队已经被吴王带走，剩下的守兵非老即幼，见越军气势汹汹，从天而降，完全丧失斗志。又加上范蠡遣使让伯嚭劝降，结果，姑苏城南门的守兵只是象征性地抵抗了一阵，就完全放弃，把越军放入了都城。

此时，伍子胥的头颅已成腐骨。如他所料，他用至死都没有合上的双眼看见了南越破城的那一刻。

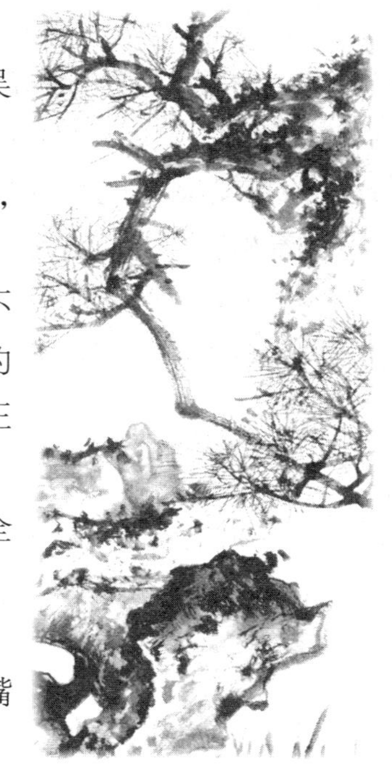

越王勾践乘胜追击，率领主力长驱直入，将吴宫残存人等屠杀殆尽。

然后，勾践昂首阔步地走向高高的吴王宝座，享受着盼望已久的大仇得报的快意。

意料之中，吴王夫差惨败。只是他宁为玉碎不为瓦全，骄傲如他，绝对不会像勾践般放弃自己的身份，投降为奴。结果，就在千军万马之下，吴王仰天狂啸，举起了他的鱼肠剑，饮剑自刎。

西施看着面前那堵宫墙，墙外的绿色植物完全蔓延进来，好似这边的阳光会更温暖。

千千万万的亡灵在墙外呼啸，在风中灰飞烟灭。

少伯，你应该快来了吧。西施想着，不由得嘴角微扬。

“哒哒哒……”

西施听到身后一阵急匆匆的脚步声由远及近。

她强烈地感觉到，是他，一定是他，那个让自己等了三年的男人，一颗心激动得要从胸口里跳出来。

“西施!”熟悉的声音略带颤抖地在身后响起。

西施听到呼唤，身体不由得一顿，颤抖地转身，漫长得像过了一千年。

她落入了那个宽阔的怀抱。带着记忆中熟悉的温暖，契合而舒适，仿佛天生便该如此依偎。西施闭着眼不敢睁开，眼泪顺着眼角缓缓流淌，一个人的泪水是苦涩，两个人的泪水交融却是甘美。泪水顺着唇边流过干涩的喉咙，最后汇集在心里。刹那间，像熔岩流过雪山，心底的冰雪就这样云开雾散地融化，涓涓潺潺、奔流而去……

不知过了多长时间，她靠在他的肩头，闭着眼，心跳却似擂鼓般震得她耳膜通响。

终于，终于，我们都等到了这一天。西施范蠡如是想。

二人彻夜相拥，三年的思念，像破堤洪水一股脑儿压下来，冲毁了所有大堤大坝，也冲毁了整个世界。

无论何时，只要他在身边，就有一片蓝天。

翌日，范蠡给文种留下一封书信，然后携西施共乘一叶扁舟，泛游太湖，二人相亲相爱，漂泊而去。

从此杳无音讯。只是传说有富商出入五湖，时人称之为“陶朱公”。他身边总伴有一绝色女子，天姿国色，艳丽不可方物，见者惊为天人。

多才风雅——上官婉儿

上官婉儿（664—710），唐代女官，女诗人，陕州陕县（今属河南）人。宰相上官仪的孙女。因才气过人，被武则天赏识，14岁即为武则天掌文诰。唐中宗时，上官婉儿被封为昭容。她才情横溢，但为逃脱厄运，做了皇权斗争的牺牲品。上官婉儿的一生可谓坎坷传奇，在唐代历史中是个极有魅力的后宫女性，在《旧唐书》《新唐书》的“后妃传”中都有专篇记载。

一、上官仪获罪婉儿入掖庭

贞观二十三年 5 月 26 日，唐太宗李世民病故，唐高宗李治继位。李治优柔寡断、不敏朝政，流连于女色。655 年，皇后王氏被废，立武氏为皇后。这武皇后便是后来称帝的武则天。

武则天被立为皇后以后便不如从前那般乖巧，对高宗也不再百依百顺。后来，高宗生病，朝中大小事宜就交由武后协同办理，武后的权力愈加大了起来，朝中也有很多人归附。高宗因长时间不理朝政，很多朝臣都巴结、讨好武后，武后的权势、威信一时超过了高宗。一次，武后举办聚会，遍宴朝臣，一派歌舞升平的景象，但高宗因体弱竟不曾受邀，高宗听说这件事后很生气。后来，武后姐姐的女儿被高宗宠幸，被封为魏国夫人。武后对这件事非常不满意，加之最近常常梦到自己曾迫害过的王皇后和萧淑妃来向她索命，因此心情更加不好。于是她请了一个道士，想通过厌胜的办法来帮她驱鬼消灾。

厌胜是古代的一种巫术，它利用一些道具把预想中可能发生的坏事压住，使其不会发生；即使已经发生的事也能让它向好的方面发展。很多被冷落的宫廷女子都曾想用这个办法诅咒别的妃子，把皇帝从别的女人身边抢过来，由此把后宫弄得人心惶惶、乌烟瘴气。所以这个方法在宫廷中历来都是被皇帝厌恶的。

而此时，烦躁的武后也想用这个方法驱除心魔。她把道士请来，入内殿与她单独作法。两人进了内殿很长时间也没出来，一向忠心于唐高宗的太监王伏胜趁机跑到高宗面前把这件事告诉了高宗。高宗听说后非常生气，又想起武后怎样迫害王皇后和萧淑妃，怎样阻止其他的美人靠近他，越想越生气，便决心废掉她。

于是高宗立即召东西台三品上官仪觐见，商讨废后一事。

上官仪，字游韶，陕州人。贞观初年进士，被授予弘文馆直学士的职位，掌管校理图籍的任务。后来因表现优异、才思敏捷而升为秘

书郎。唐太宗很赏识他，每次写文章，都会找上官仪看看，即使举行家宴，也都邀请他参加。后来，上官仪又转任为起居郎，掌管记录皇帝日常行动与国家大事。唐高宗即位，授予他秘书少监的官职，后来，武后爱惜他的才华，又升他为西台同东西台三品。

上官仪属于初唐宫廷作家，是齐梁余风的代表诗人。他受南朝文化的影响很大，擅长写宫体诗，尤其擅长五言诗。他的诗格律工整，绮丽婉媚。内容大多是奉皇帝的命令写的，所以多是一些歌功颂德、粉饰太平的作品。因为他的地位很高，又深得太宗皇帝的重视，写的作品也深受太宗皇帝的喜欢，所以当时很多人都学习他的文风，形成了独具一格的上官体。

上官仪早就不满意武后的所作所为，有了废后的想法。但是凭借他一个人的力量是不可能做到的，只好隐忍着不说出来，这次皇上找他商议废后的事情正中了他的心思。但是高宗生性懦弱，上官仪不能确定高宗是不是真的下了这个决心，因此刚开始时一言不发，看高宗会怎么说。这时，高宗对他说："上官卿家，朕想废掉武皇后，卿家什么意见？"上官仪回答说："皇后一向帮助皇上统领后宫，协理国事，皇上为什么要把她废掉呢？"高宗气愤地回答道："想当初朕是如此宠幸她，封她为皇后。可是没想到她做了皇后以后变得专横霸道起来，现在甚至在后宫行巫蛊之事。朕因此要废掉她，重新找一个贤德的人做皇后，母仪天下。"上官仪见皇上很有废后的决心才进前说道："皇后专宠，肆意妄为，全国的百姓都对她有意见了。臣请求皇上废后。"于是高宗命令上官仪起草废后的诏命。可是上官仪忽略了武后的情报网遍及宫廷，他的诏命刚刚写完，墨迹还没有干的时候，武后就已经得知了这一消息，风风火火地赶过来了。

武后看到诏命，一把拿起来撕碎了，还扔到地上狠狠地踩了几脚。然后径直走到高宗的床前，一把鼻涕一把眼泪地哭诉起来："皇上，臣妾做了什么错事你要把臣妾废了。臣妾为你生儿育女，日夜操劳；皇上有病在身，臣妾又要帮你治理国家，国中大事小事，臣妾要一人负担，就算没有功劳还有苦劳，皇上怎么忍心废了臣妾。皇上如果这么讨厌臣妾，当时为什么要把臣妾从感业寺

接出来。早知道皇上会有一天废了臣妾，臣妾还不如先携儿带女自杀算了。”武后哭诉的声音凄凄切切，闻者伤心，听者流泪。高宗看着眼前这个美人，不由得动了恻隐之心，开始懊悔自己会有废后的愚蠢想法。于是他竟下床亲自扶武后起来：“皇后请起，朕并没有这个意思。”武后趁势滑到了高宗的怀中：“皇上没有这个想法，那地上的诏书是怎么回事?”高宗惴惴不安：“那……那是上官仪逼朕写的，说什么不废皇后就会家国不安，民愤共起。那并不是朕的本意。”武后心里知道高宗已经站在了自己这一边，娇滴滴地说：“臣妾就知道皇上不会这么狠心的，皇上要为我做主啊!”

站在一旁的上官仪淡定自若地看着眼前发生的一切。他知道高宗生性懦弱，但是没想到他竟然会倒打一耙，出卖自己的臣子。这样的主子，为他卖命又有什么意义呢？上官仪慢慢地退了出来，他知道以武后刚烈、果敢，有仇必报的性格，他的死期到了。他并不是贪恋生命，这样的官他也并不留恋，他只是怕连累了家人。他们是无辜的，他的小孙女婉儿才出生不久，他还想有更多的孙子、孙女，他想和他们一起安享晚年……

过了不久，武后果然以谋反的罪名监禁了上官仪。上官仪和王伏胜曾经一同侍奉过前太子李忠，李忠是高宗的长子，后宫刘氏所生，后来过继给前皇后王氏。后来高宗在武后的挑唆下废掉了太子，又把他流放到黔州那个不毛之地。这次，武后想借着李忠和上官仪等人的这层关系，兴风作浪、一石二鸟。她派党羽搜罗李忠谋反的证据，最后无中生有，逼李忠自杀而死。上官仪和王伏胜自然被牵连在内，全部被赐死。上官仪诛九族。

是夜，大雪飘飞，似乎已经有了不好的预兆。第二天，除了上官婉儿和她的母亲郑氏以外，上官全家都被斩首示众。郑氏抱着婉儿，在这个风雪之夜，被关进囚车，送入了掖庭为仆。婉儿还在襁褓中，小小年纪的她并不知道这一切意味着什么。郑氏看着这个婴孩，泪流满面。等待婉儿的命运究竟是什么，她无法预测。

二、武后赏识初露头角

出身名门的郑氏刚开始并不适应掖庭的奴仆生活，整日哀叹，一身凄凉。可她还有一个襁褓中的女儿需要抚养，每当听到女儿的哭声，她都暗暗地告诉自己：要坚强。过了一段时间，熟悉了宫里的环境，郑氏也渐渐地把事情想开了，只要女儿能健康成长就好，又何必计较在哪里生活呢！为了让女儿能像别的孩子那样有一个健康快乐的童年，郑氏决定先不把家里的仇恨告诉她，她希望婉儿能像其他小孩子一样，生活中永远充满快乐，因此婉儿心里并没有埋下仇恨的种子，而是心中有爱，健康成长。婉儿渐渐懂事后，自然也会问到她的父亲是谁，但聪明的郑氏总是能巧妙地搪塞过去。还好，在这后宫掖庭，婉儿能接触到的男性非常少，她对父亲的概念也非常模糊，所以很少会长时间地纠缠这个问题。

郑氏虽然对自己的命运已经安之若素，但女儿毕竟是名门之后，饱读诗书的她不希望上官家唯一的血脉变得和后宫那些庸俗的女人一样，整日只知道扯谈无聊的话题，浪费大好的光阴。她要让自己的女儿看书、学文化，如一朵出淤泥而不染的莲花。从婉儿 4 岁起，郑氏就开始教她读书、识字。等婉儿稍大一些，郑氏又把她送到后宫的内文学馆学习。这内文学馆是专供后宫女子看书用的。

郑氏毕竟是一个女仆，她有很多的活儿要做，每天没有足够的时间教孩子读书、写字，把婉儿送到内文学馆里自学既解决了母亲的时间问题，还能让女儿安心看书。婉儿白天去内文学馆看书，晚上帮母亲干活儿，日子虽然过得简单粗糙了些，但有母亲的陪伴，还能徜徉于书的海洋，婉儿已经心满意足了。

内文学馆虽然藏书丰厚，但很少有宫女愿意来这里学习。因为她们白天大都要干活儿，就是有空闲时间也都在闲谈、玩乐。婉儿是这里少有的常客。这么小的一个女孩子，天天泡在内文学馆里看书，实在是一处特别的风景。负责

管理内文学馆的老太监很快注意到了这个坚持学习的小姑娘，在他看来，小小年纪竟能如此上进，实在是很难得的事情。所以，老人很重视她，不仅推荐好书给她看，还帮她答疑解惑。他就像父亲一样，给婉儿的学习生活注入了一道阳光，让婉儿觉得暖洋洋的。从他这里，婉儿不仅感受到了近似于父亲般的爱，还知道了一个惊人的消息：武后年轻的时候也常常来这里看书学习。从此她更加刻苦了，虽然那时候的她还没有想过自己也要创造什么传奇，但总有一个隐隐约约的声音在心底响起：天后是从这里出去的，我会不会也从这里出去呢？

一天，婉儿正沉浸在书的海洋中。忽然听到“天后驾到”的声音。

婉儿很诧异：“天后？天后怎么会来这里呢？”

不容婉儿多想，老太监已经站在门口迎驾了，婉儿吓得紧忙躲在一排书架后面。好奇心的驱使让婉儿把小脑瓜偷偷地探出来观看，她看到在她心里一向是威严、高高在上的天后此时正像一个女儿那样温和地和老太监说着话。天后询问老人的身体怎么样，内文学馆需不需要扩大馆藏等等。天后的声音那么温和，老人感动得老泪纵横。的确，这么多年过去了，天后还是没有忘记他，常常来关照这个孤独的老人，那该是怎样的一份情谊啊！看着眼前此景，婉儿对天后又平添了一份敬重之情。她开始暗下决心：做女人，就要做天后那样的女人！这时候的婉儿，对名利并没有清晰的认识，她只是觉得：作为一个女人，如果能像天后那样既有美丽的容颜，又有聪明的头脑，还有果敢的谋略，那该多好啊！

天后起身要离开了，这时她一回身，发现了书架旁边若有所思的婉儿。这个女孩子衣着朴素，却掩盖不住她的伶俐劲儿，尤其是那双眼睛，恐惧之余更多的是探寻、渴望、希冀。看着她，天后觉得这个女孩子和别的宫女很不一样，将来也许能有所造诣。可天后公务繁忙，不会在一个女孩子身上花太多心思。天后只是浅浅地问了一句：“你叫什么？”娘娘在问我话？上官婉儿紧忙屈身回答道：“回

娘娘，奴婢叫上官婉儿。”

“上官婉儿？这孩子或许是一个可塑之材，但将来她能发展成什么样，还要靠她自己的努力啊!”天后点着头，笑了笑，离开了。

天后虽然离开了，婉儿的心却久久不能平静。天后的气派、音容、话语都深深地刻在了她的心里。她要更加努力，早日成才。婉儿更刻苦了，她发奋地看书，不分日夜。

寒来暑往，转眼间，婉儿已经14岁了。她不再是那个黄毛丫头，已经出落成一个娉婷少女了。更可贵的是，她饱读诗书，已经能写一手好文章了。多年的学馆苦读，培养了她高雅的气质，也造就了一个才华横溢的女诗人。她信手拈来之作也都是妙趣横生、文采斐然。后宫的宫女们都喜欢读她的诗。她的诗在掖庭中渐渐流行起来，很多人都知道了上官婉儿的名字。

渐渐地，天后也听说后宫有这么个女孩子，天生丽质、出口成章。一召见才知道，她就是当年那个上进的小女孩上官婉儿。天后命身边的文官出题考她，不想这上官婉儿竟然不慌不忙，从容应对，很有大家闺秀的风范。再看她写出的文章，文采飞扬、才思敏捷、见解独到。天后看了之后非常喜欢，决定把她留在自己的身边帮她起草诏命。

天后要把我留在身边？听到这个消息，婉儿简直不敢相信。她又惊又喜，急忙把这个好消息告诉母亲，本以为母亲也会替她高兴的，可慈爱的母亲竟然一反常态，坚决反对。母亲对她说：“婉儿，伴君如伴虎。你年纪还小，不懂得世事难料、人心叵测。你快点找天后，说自己才疏学浅，不能担此重任。”

“娘，您怎么会这么说呢？女儿总有长大的一天啊！何况娘不想摆脱这个阴暗、湿冷的地方吗？这是个机会啊！您勉励女儿努力读书不也是希望女儿能做到与众不同吗？这次难得有天后的赏识，女儿的才学终于能有用武之地，这不是很好吗?”

郑氏看着执拗的女儿，知道自己说不过她。可当年上官一家的惨案还历历在目，她只剩下这一个女儿了，真希望她能平安地长大、结婚、生子。可女儿哪里理解自己的这份苦心啊！该怎么劝服她呢？难道要把上官一家的故事讲给

她听？这些年来，她一直无忧无虑、快乐地成长，如果把真相告诉她，不知道她能不能承受这个事实。可她已经14岁了，明事理了，也许该把真相告诉她了！她该知道自己的真实身世，也有权选择自己的人生。

于是，郑氏把婉儿叫到身旁："婉儿，想知道你的父亲是谁吗？"

"我的父亲？当然想知道了，娘，你肯告诉我了？"

"这些年来，每当你问到这个问题，娘都讳莫如深。是觉得你年纪还小，不该背负着仇恨长大。现在你懂事了，该让你知道了！"一想起自己的丈夫、公公，郑氏心如刀割，含泪把当年的事告诉了女儿。

"我是上官仪的孙女、上官庭芝的女儿？我们全家都被天后杀了？"这个消息的确是太令人震惊了，婉儿一时间不知道该怎么办，她需要冷静地思考这件事。现在摆在她面前的有两条路，是上表请辞，继续在掖庭过这暗无天日的生活呢；还是忘记家族的仇恨，做天后的使女。选择并不难做，这么多年来，上官婉儿已经习惯了没有父亲的生活，读过的万卷诗书也使她的心智渐渐成熟起来，她明白"君叫臣死臣不能不死"的道理，更何况她只是一个小小的宫女。如果不珍惜这次机会，她就要像别的宫女那样，整日洗洗涮涮，在这掖庭里憔悴一生。虽然她也伤痛，也为自己家人的命运鸣不平，可从小在爱的环境中成长的她，心里爱的成分远远大过了恨。更何况天后是她心中的神，是她的梦想所在！婉儿渐渐说服了自己，她要忘记旧日的仇恨，开始新的生活！

郑氏理解女儿，也尊重女儿的选择。这么多年来，她早就把仇恨看得很轻很轻了，女儿都能看开，她有什么看不开呢？女儿不想像她一样在掖庭里埋没了自己的才智和青春也没有错啊！何况女儿长大了，有自己的想法，她既然做出了这个选择，做娘的就会尊重她的选择。

从此以后，一代天后的身边就多了一个美丽漂亮、乖巧伶俐的女孩儿，她就是上官婉儿。

看到母后身边多了这么一个和自己一样美貌、聪明的女孩儿，太平公主本能地排斥她。可婉儿虽然得到天后的赏识，却从来不恃宠而骄，为人恭顺谦逊、处事大

方得体。时间一长，太平公主也喜欢上这个小姑娘了。因为太平公主的关系，婉儿和太平公主的哥哥李贤、李显、李旦都渐渐熟悉了。他们都是天后的儿子，太平公主的哥哥，天后本来有四个儿子，大儿子李弘在婉儿还没有来到武则天身边的时候就莫名其妙地死了。

在天后受宠之前，唐高宗李治曾经宠幸过萧淑妃。天后专宠后，排除异己，想办法杀死了萧淑妃。萧淑妃死后，她的两个女儿也受到了牵连，都30多岁了，还被天后软禁在宫中，不能出嫁。唐高宗很心疼自己的女儿，但不敢和武后说。太子李弘不忍心看着自己的姐姐老死在宫中，私自做主帮她们找了人家。天后听说了这件事，非常生气。虽然表面上夸赞他做得好，心里却为儿子的自作主张而大为恼火。不久，李弘在家宴时莫名其妙地被毒死了，大家都怀疑是天后这个当母后的做的。

大哥的突然离去，使剩下的弟弟妹妹们倍加珍惜这份兄妹情谊，常常聚在一起联络感情，互通有无。太平公主作为大家的小妹妹，常常组织家庭宴会，婉儿也会帮忙筹划。一来二去，大家自然熟识起来。在这几位皇子中，婉儿最喜欢的是太子李贤。倒不是因为他是未来皇位的继承人，那时的婉儿还相对单纯，没有想到权力纷争，她只是觉得贤符合她心目中风雅君子的标准。虽然那时候的贤已经是几个孩子的父亲了，但举手投足间仍散发着让婉儿痴迷的男子气概。对于婉儿的心思，贤不是不知道。可婉儿是武后的人，李贤不敢和她走得太近。最近一段时间他和母后的关系很紧张，他不能确定婉儿是不是真的喜欢他。纵然是真的喜欢，万一哪一天他和母后交锋，那她会站在哪一边呢？贤没有自信婉儿能站在自己这一边，他知道这是一个不寻常的女人，所以他只能和婉儿保持若即若离的关系。

李弘死了，李贤住进东宫，继任太子，他本想成为一个好太子，将来成为一个好皇上。唐高宗李治多病，他行使监国的责任，积极帮助李治处理政事，做事勤勉认真、办案明察秋毫。但他不明白，母后对自己的努力竟然视若无睹，常常让他看《少阳政范》《孝子传》，还常常责备他，督促他做人要孝心。

面对母后的不信任，他不知道为什么，也不知道如何应对。渐渐地，他想明白了，自己的母后临朝多年，是不想放弃权柄啊！自己勤勉不就相当于夺了母后的权力吗？哥哥李弘因为不顺着她的意愿办事，意外死亡了。自己现在表现得这么勤勉不更是在挑战她的权威吗？母后权倾朝野，还有父皇在背后撑腰，我怎么斗得过呢？如果自己不小心的话，不但太子名号会被废掉，连性命也难保啊！李贤越想越害怕，后来宫中暗暗流传一种说法，说李贤是武后姐姐韩国夫人和高宗偷情所生，李贤更加如履薄冰了。他只能收起锐气，装作对国事漠不关心的样子，希望能骗过自己的母后，逃过一劫。为了表明他对国家政事真的毫无兴趣，他召集自己门下的学者张大安、刘讷言、许叔牙等人，主动提出为范晔的《后汉书》作注，整日将自己埋在故纸堆中，获得了一段清闲安静的岁月。

但书有注完的一天，完成这件事以后又该怎么办呢？他只能赋闲在家，装作无所事事的样子。本来是当朝太子，却要步步退让，要警惕亲生母亲的危害，时时担心生命有危险。李贤觉得自己活得太窝囊了！渐渐由收敛锋芒变成真正的自暴自弃。他终日饮酒作乐，还蓄养宫奴。婉儿看了非常不忍，常常劝谏，他哪里肯听婉儿的劝告，依然我行我素。正谏大夫明崇俨看他整日无所事事，向天后奏表，说李贤没有做太子的才能，不适合做太子。明崇俨是天后的亲信，他了解天后需要什么，所以趁此机会说太子的坏话，讨好天后。不久，明崇俨为盗贼所杀，天后怀疑是李贤做的。天后觉得太子杀死自己的亲信，是在公然和她作对，萌生了废掉他的想法，从此开始留心搜集不利于李贤的证据。李贤担心母后哪一天会加害他，所以在宫中偷偷藏了一些兵器。天后知道后非常生气，坚定了废掉他的决心。但她并没有急于求成，而是打算趁此机会考验一下她的心腹上官婉儿。自己毕竟是上官婉儿的仇人，她要看看这个姑娘是否真的绝对忠诚。

婉儿接受了命令，来到东宫搜集太子谋反的证据。李贤正在和宫奴喝酒厮混，看到婉儿缓步走了进来，有意调戏。

“看，这是谁啊，不是天后娘娘身边的大红人上官婉儿吗？不知道大

驾来到我东宫有什么事啊？”

看着心爱的人这副酒气熏天、自暴自弃的模样，婉儿很伤心，很委屈。“殿下，请不要这样说，婉儿的心殿下是明白的啊！”

“你的心？哈哈，你还有心吗？我怎么没看出来啊！”

“殿下，您为什么这样不自爱呢？您终日如此厮混，怎么对得起太子的头衔，怎么对得起天后的栽培？”

“我不自爱？是我想不自爱吗？我自爱得了吗？”

“即使是避其锋芒，殿下完全可以采用别的办法。可以管弦丝竹，可以吟诗作画，殿下没必要采用如此极端的办法来糟践自己啊！”

“哼，你还来教训我了！我愿意怎么做就怎么做！还栽培？她是栽培我吗？她不害我就不错了！”

“殿下怎么可以这么说自己的母后呢？无论怎么样，她是您的母后，她是爱殿下的。”

“爱我？她正找机会除掉我，好大权独揽呢吧？谁不知道她心里只有权力，没有亲情？”

“殿下说话请自重，她毕竟是殿下的母后！”

“我说了，怎么样，难道你要去告密！我告诉你，现在这东宫太子府中就有兵器，哪天她要是逼急了我，别怪我不客气！”

“殿下，您怎么能私藏兵器呢？在皇宫中自藏兵器是死罪啊！”

“我喜欢藏就藏，你是不是想去告密请赏啊？那赶紧去，别被别人抢了先，哈哈，快滚吧！”

说着，李贤竟在婉儿面前与宫奴卿卿我我、动手动脚。婉儿无地自容，赶紧离开。

东宫和后宫离得不算近，婉儿却觉得路是这么短。她一步一步地踱着，不知道回宫以后该怎么说。太子说府上有兵器，是真的吗？即使是真的，我能出卖他告诉天后吗？太子虽然出言不逊，但我知道他是相信我才和我说的，他心

里苦啊！可天后说太子要谋反，我是奉命调查太子谋反的证据，如果我说一无所获，天后会相信吗？万一以后天后查出来，知道是我有意隐瞒怎么办呢？婉儿急得团团转，一会儿天平偏向太子这边，一会儿天平又偏向天后这边。想着想着，她已经来到宫门前了，必须要做出一个选择了。婉儿深深地舒了一口气，又理了理自己的思路。天后派我搜查太子谋反的证据，说明天后要向太子开刀了。即使今天我保了他，天后明天也会派别的人找到别的理由废掉他的，欲加之罪，何患无辞。天后现在大权在握，如果我得罪了她，我和母亲会一起遭殃的。

理智下来，权衡利弊，婉儿决定把太子私藏兵器的事告诉天后。天后满意地听着她的汇报，知道了婉儿的忠心。心想，以后有什么重要的事情可以放心地委任给她了。听完婉儿的汇报，天后立即派人搜查东宫，果然在东宫马坊中搜到了几百领铠甲。太子李贤因此被废，贬为庶人，幽于别所，后又流放巴州。

李贤走了，带走了一身的落寞凄凉，更带走了一个单纯善良的婉儿。经历了这件事，婉儿瞬间成熟了，她看到了皇宫的残酷，看到了弱肉强食。她开始明白，要想在这里生存，必须懂得察言观色、审时度势，必须要时刻小心、步步为营。

宫廷中没有爱情，事实再一次证明，婉儿已经坚定了自己紧跟武后的决心，而这样的决心将伴随她一生。

三、出谋划策武后登帝位

看着儿子一个个离自己远去，高宗的病加重了。683 年，唐高宗李治结束了他 56 年的生命，驾鹤西去。遗命李显即位，是为唐中宗。

有高宗的遗命在，天后不得不让儿子李显即位，她可不想成为朝臣的众矢之的。可她知道自己这个儿子寡断少决、无勇无谋，不放心让他管理政事，所以让婉儿过去帮忙。刚登基的李显既兴奋又紧张，兴奋的是他是一国之君了；紧张的是自己从来没有单独处理过政事，不知道能不能做好。朝臣都知道上官婉儿是天后的左膀右臂，是天后的智囊，天后派她来帮助新皇上，难道天后是有意退隐吗，大家猜不出。

无论天后是什么初衷，对于缺乏政治能力的李显来说，婉儿的确提供了很多帮助。婉儿很得天后的赏识和信任，在辅佐天后的时候就常常帮助天后批阅奏折，加上天生的政治禀赋，使她一来到李显身边就帮他解决了很多难题。看着这个既聪明智慧又优雅美丽的帮手，李显渐生情愫，向婉儿抛出了爱的橄榄枝。此时的婉儿早已不再是那个初出茅庐的少女，她已经成长、成熟，知道自己需要什么，更知道在皇宫里生存需要什么。虽然她有天后的保护，但此时是李显临朝，如果能得到李显的信任，自己的生存就会多一份安全和保障。所以她欣然接受了李显的爱意。

皇后韦氏知道李显和婉儿的私情后，不断向李显吹枕边风。说上官婉儿是皇太后的人，永远不可能真正效忠他李显的，真正对他好的只有她韦氏等等。韦氏除了离间李显和婉儿的感情外，还对朝政大加干涉。可惜她志大才疏，常常把事情弄得一团糟。自己被封为皇后以后，又想一荣俱荣，让李显给她娘家人封官。这李显颇似当年的高宗李治，性格懦弱、没有主见，又怕老婆，韦氏提出的要求，他哪敢不从，高高兴兴地要把韦后的父亲韦玄贞从一个小官提升为侍中。中书令裴炎认为提升太快，有失法度，极力反对。不想这李显竟然在

朝堂上公然叫嚣："天下是我的，我就是将天下送给韦玄贞又有什么不可以，难道还会吝惜一个侍中的职位！"裴炎觉得唐中宗做得太离谱，将这件事告诉了已经是皇太后的武则天。

武则天虽然已经退为皇太后，但仍时刻关注朝政的发展。亲信上官婉儿当然知道太后是个离不开权力的人，将朝中事务无论大小都呈报给太后，只是缺乏政治敏锐性的李显不知道罢了。李显登基以后做的糊涂事武则天尽收眼底，他任命的官员大都是皇后韦氏所推荐。皇太后觉得韦后势力日盛，已经威胁到了她的权力，早就想整治一下了，不想李显今日竟说出如此糊涂的话，难道他要把天下给韦氏吗？她真是忍无可忍了，决定把他换掉，但不可以莽撞，要先看看他在朝臣中的口碑如何，所以她叫来了婉儿。

"听说皇上要把韦玄贞封为侍中？还要把整个天下给他，可否有此事啊？"

婉儿心里暗自揣度，"听说中书令裴炎已经把这件事告诉皇太后了。现在太后问我是什么目的呢？莫不是太后又要向李显开刀了？"这些年来陪伴在太后的身旁，只凭太后的一个眼神，一句话的口气，婉儿就能把她的意思猜得差不多了，这是主仆之间的默契，更是婉儿的生存之道。现在太后这样问她，她当然知道怎么回答。

"回太后，确有此事！"

"你怎么看？"

"回太后，奴婢认为皇上这么做很不妥！"

"为什么呢？"

"请恕奴婢大胆，天下不是皇上一个人的，是先辈用血汗换来的。皇上随随便便就要把天下送给旁人，这是极不明智、极不负责任的行为！"

"说得好，那你认为该怎么处理呢？"

"回太后，观察皇上和相王，皇上做事轻率，而相王却闲适超然、极明事理。奴婢斗胆认为相王更适合做皇上！"

"大家都这么想吗？"

"回太后，百官将皇上所作所为看在眼里，现在大都持这个想法！"

武则天笑了笑，心

想：知我者，婉儿也！我也想废了他的皇位，但不知道朝臣的想法，不想朝臣竟也这么想。武则天当然也知道，婉儿可能是为了顺应她才这么说的，不过这对于她来说都无所谓。她需要的只是一个心里的平衡和借口，现在她有了，那她就只管去做，完全不必理会这个借口的真假。

第二天朝会，武则天又出现在朝堂之上。太后突然出现，大家知道肯定又有什么重要的事情发生了。大家屏住呼吸，翘首以待，中书令裴炎宣读了太后懿旨，废李显为庐陵王，另立相王李旦为皇帝，是为唐睿宗。朝臣惊诧不已，一个皇上说废就废了？不过武则天虽然弄权专政，但在她执政的这几十年来任用贤才，悉心治理，把国家打理得井井有条。虽然她是一介女流，朝臣对她的管理能力还是很服气的。虽然有一些持传统观念的人不太认同皇后专政，可这么多年，武则天不仅培植了自己的势力，而且非常强大，这些守旧派根本无法和她抗衡；更何况，大家都知道武则天是铁血皇后，不仅有统帅制衡的能力，更有政治手腕。她既有宽广的胸怀，敢于不拘一格降人才；又敢作敢为，对政敌毫不手软。基于这些原因，武太后的势力可想而知。这次，她说废就废了皇帝，根本没有给文武百官考虑商量、提供意见的机会。

李旦虽然被立为皇上，武则天却让他住在别殿里，不允许他过问政事。李旦倒乐得清闲，因为他清楚地知道，自己必须要表现得对政治毫无兴趣，否则性命堪忧。大哥因为忤逆母后被毒死了；二哥因为锋芒毕露，政见和母后不和，被流放了。前不久又在流放地自杀了，听说是母后派人逼他自杀的；三哥因为重用皇后外戚，对母后的权力造成威胁，母后废掉了他的皇位。三个哥哥尚且如此，何况我呢？所以李旦偏安在这别殿里，武则天不让他过问政事，他便真的不过问，还屡次上表请辞。

武则天以皇太后的身份，继续行使皇权。朝中大臣对于皇太后软禁新皇上的行为颇有微词，宰相裴炎力劝武则天还政睿宗，却惹来了杀身之祸。虽然武则天爱惜他的能力，可对于公然与她作对的人，她绝不手软。裴炎被杀以后，武则天继续罗网亲信、铲除异己。武则天的行为惹怒了朝中一些大臣，更惹怒了李唐宗室的王公显贵。唐高祖的儿子李元嘉首先起兵。李贞、李冲父子也纷

纷举旗响应。他们相聚到一起，以让皇太后还政为旗号，兴兵讨伐武则天，还请了初唐四杰之一的骆宾王撰写了《讨武曌檄》。全国形势风起云涌，武则天却临危不乱，充分显示了她独特的政治能力。她迅速调集30万大军，仅用40天的时间就将十万叛军全部歼灭。这一招杀鸡儆猴，使反对她的朝臣安静下来。反叛的将领几乎都被诛杀流放，只有骆宾王一人幸免。武则天爱惜他的才华，将他留在朝中任用。

朝臣大都归附了她，武则天认为称帝的条件渐渐成熟了。身边的婉儿和武三思看出了太后的想法，也积极为武则天称帝创造条件。

当时，有一个叫做法明的和尚．伪造了四卷《大云经》敬献给武则天，还说她是天上弥勒佛转世，来到人间就是为了帮助管理李唐王朝的。因此，武则天将佛教定为儒、道、佛三教之首，利用佛教中的《大云经》，鼓吹自己是“女王承正”。还在东都洛阳建造大毗卢佛，让各州县都建大云寺。

她的侄子武承嗣偷偷让人在一块白石上刻上“圣母临人，永昌帝业”八个字，献给武则天。看到这块白石，武则天非常高兴，立即把这块瑞石命名为“宝图”。

垂拱五年元月，武则天在神都南郊举行拜洛授图仪式。第二年元月，在明堂举行盛大的祭典活动。此时，武则天第一次穿上天子大礼服的衮冕，玉带下插着大圭，手拿镇圭。虽然只是临朝称制，但国家实权已完全在武则天的掌握之中。

至此，武则天和其党羽的一系列行为，已经司马昭之心，路人皆知了。

官员傅游艺想讨好武则天，暗自联络了900多人联名上书，请求太后临朝称帝。武则天虽然假意推辞，却提升了傅游艺的官职。文武百官看到傅游艺因此被提升，都知道了太后的心思，因此劝谏她做皇帝的人越来越多，最后竟达到了6万余人。这中间有文武百官、有王公贵族、有平民布衣，还有各族首领、和尚道士。

眼看时机已经成熟的上官婉儿和武三思也力劝太后珍惜机会，顺应民意。

690年9月，已经67岁的皇太后武则天接受大家的请求，登上则天楼，身着帝王的衮冕，即皇帝位，自称“圣神皇帝”，改国号为周，定年号为“天授”，以李旦为太子，赐姓武氏。

四、获刑险遭戮结情武三思

一代女皇武则天的时代来临了。

武则天当政以后，励精图治。

她大胆推行科举制度，广开言路，选拔人才，还开创了殿试的方法，亲自选拔人才。她知人善任、量才录用，任人唯贤、不拘一格，不问出身门第。如宰相狄仁杰、张柬之以及大将娄师德、郭元振等世间英贤都被她罗致门下，委以要职。她还有力地打击具有政治特权、经济势力强大的士族，得到了普通地主阶级的支持，扩大了其统治的社会基础。在确立了对天山南山的统治后，她又以政治家的胸怀和眼光，化干戈为玉帛，遣使睦邻，与周边各族以礼相待，和平共处，多年来，边关烽火不兴。同时，她派人打通了已经中断的通往西亚的商路，促进了中西经济文化的交流。

武则天非常重视文化事业，组织文人撰写了许多文集，如《古今内范》《玄览》等。她自己也撰写了《垂拱集》《金轮集》，还自制了《大乐》。

武则天还十分重视发展生产，推行农桑薄赋徭，广修水利，组织人撰写《兆人本业记》，进行劝农，发展蚕桑，为富国强兵做出了杰出的贡献，上承贞观之治，下启开元盛世。

当然，武则天当政时期为了打击政敌，也任用酷吏，屡兴大狱，给人民造成了一定的苦难。

总之，在武则天当政的时代，社会稳定，百业兴旺，边防稳固，人口增长。据说，在唐太宗时期全国人口仅有300万户，到武则天末年时已增长至600多万户。可见她的确是历史上少见的理国贤才。

看着国家四海升平，百业兴旺，武则天很高兴，有辅佐之功的上官婉儿和武氏家族自然功不可没。武则天大封武氏家族，武三思、武承嗣等人都凭借其姑母的力量高官厚禄。然后，她又把政事委托给上官婉儿，自己则放心地安享晚年。她渐渐老了，该好好地享受生活了，她要用自己所剩不多的时光让自己快乐！

治理国家的重任落到了上官婉儿肩上，她虽然没有得到明确的官职任用，实际上却在行宰相之职。武则天晚年宠幸男宠，无暇分身，很多政务都是由婉儿负责，行皇帝令。这既体现了婉儿的能力，也说明婉儿深得武则天的信任。

朝廷有能干的婉儿、武氏家族，还有狄仁杰等贤人管理、照看，武则天放心地投入薛怀义的怀抱。

薛怀义长相俊俏，武则天很是喜欢，没等武则天做皇上的时候，他就已经成了她的男宠。武则天赐给他贵族姓氏薛，从此得了薛怀义的名字。为了帮助女皇登基，他鞍前马后，没少效力。不仅潜心编造了《大云经》，还建造名堂，鼓吹佛理，说武则天是弥勒佛转世。他的努力，女皇都看在眼里，对他更加宠爱。可时间一长，女皇还是厌倦了他，开始有了别的新宠。薛怀义见女皇对他冷落，开始打女皇高级侍女上官婉儿的主意。武则天登基那年，婉儿 26 岁，正是青春好年华。薛怀义早就注意到女皇身边这个年轻貌美，又掌握权柄的女侍，常常肆机挑逗，婉儿都理智地避开了。

武则天的新宠就是张昌宗、张易之兄弟，是太平公主进献给女皇解闷儿的。这两人都长得面若桃花、玉树临风。尤其是张昌宗，号称当时第一美男子，有美似莲花之称。同时，他还出身名门，精通音律。这些无不在吸引着同样貌美如花，同样精通音律的婉儿。但她只能是想想而已，女皇的男宠，她哪里敢碰啊！正所谓“无心插柳柳成荫”，不想事隔不久，机会却来了。

武则天的侄子武三思为了讨好姑妈，除了广修宫殿外，还在自己府上专门建了一所别院，搜罗天下美男子供女皇享用。这天，女皇烦闷，便去了武三思府上，留婉儿独自在皇宫内处理政务。婉儿正在认真地看着奏折，忽然感觉一个人已经走到她的身旁，

她抬头一看，竟是张昌宗。看着自己早就心仪的对象，婉儿心如鹿撞。但多年的宫廷生存经验告诉她必须克制。这不是一般的男人，是女皇的男人，不能碰。所以她故作镇定地说："张将军（张昌宗得宠后被女皇封为云麾将军）来了，但是女皇不在，请张将军明天再来吧!"

"女皇不在，婉儿姑娘不是在吗?"

婉儿紧张地说："张将军说话请自重!"

谁知张昌宗继续纠缠，婉儿就范。纵然知道是毒酒，但这毒酒的醇香实在太吸引婉儿了。有了第一次，就有第二次，两人见面次数越来越多，有时竟然在女皇面前公然眉来眼去。女皇渐渐发现了问题，一次外出回来，把他们捉奸在床。

看到女皇回来，婉儿简直傻了眼。来不及穿衣服，张昌宗也紧忙下跪求饶。

女皇盛怒之下把婉儿押入大牢，准备处死。但她舍不得处死张昌宗，"宽容"地饶恕了他。张昌宗看到情人被羁押，非常不忍心，常常在女皇面前为婉儿求情。经张昌宗的提醒，女皇想起了婉儿的好，想起婉儿如何替她日夜操劳，也想起婉儿的存在对于她是多么的重要，她决定饶恕她这一次。但她要毁坏她的美丽，她要让她明白：她可以让她荣耀，也可以让她毁灭。所以，婉儿虽然逃过一死，却遭受了黥面之刑：在面额上刺青。

看着镜中的自己，婉儿简直不敢相信，夹鬓上一抹墨色还没有干，曾经的美貌容颜一去不复返。婉儿生气地把镜子摔到地上，又用脚把它踩扁、踩烂。可冷静下来，婉儿知道，破坏镜子不是解决问题的方法，女皇赦免了她的死罪，还让她跟随左右，那不是让她出丑吗？她要想个办法。看着窗外盛开的梅花，婉儿突然灵机一动。她出去采了几朵梅花，精心地贴在受刑处。不想这几朵梅花不仅遮住了墨渍，还别有一番风韵。只是，这些梅花很容易从脸上脱落。婉儿又想了一个办法，用金银箔制成梅花的样子，贴到面额上。这样制作而成的梅花既能很牢固地贴在脸上，看起来又熠熠生辉，很有光彩。为了配合这个"梅花妆"，婉儿又把头发梳成卷曲的发髻，便于配合遮盖这块刺青。

受了黥面之刑的婉儿不但没有失去美丽的容颜，反而焕发出别样的光彩。当她走到女皇身边的时候，女皇暗吃一惊，随即又很欣赏她的发明。宫女命妇们看到婉儿的妆容好看，也渐次模仿。慢慢地，“梅花妆”和“上官髻”竟成为一种时尚。

婉儿重回女皇身边，做事更加小心谨慎、曲意逢迎，两人的关系很快和好如初。女皇看着大周帝业，萌发了一个想法：修大周国史，将她的丰功伟业记录下来。那么，谁可以担此重任呢？自然是正得女皇信任的武三思了。于是武则天派侄子武三思掌管修著国史的任务，怕他忙不过来，又让学识渊博、文字能力了得的婉儿过去帮忙。

武三思是武则天的侄子，并州文水人。他长相俊朗，工于心计，很会逢迎女皇的心意。为了讨好武则天，他曾经屈尊为武则天的男宠薛怀义牵马；还在嵩山建三阳宫，在万寿山建兴泰宫，每年都请武则天过去游玩，自己也在其中获得了许多不义之财。在女皇的提携下，他从一个平民很快晋升为夏官、春官尚书，后来还被封为梁王，很得女皇的信任和依赖。这次，女皇把修著国史的任务给他，可见他在女皇心目中的地位有多么重要。

武周帝国国史的修著工作在武三思和上官婉儿的配合下，浩浩荡荡地开始了。武三思搜罗了一批炙手可热的文人墨客，和婉儿一道投入在国史的修著工作中。遇到问题，两个人会悉心商量，配合默契，因此工作进行得很顺利。天长日久，两人渐生情愫。一个俊朗倜傥，一个美貌高雅，又同为女皇面前的红人，英雄惜英雄，两人很自然地走到了一块。

但是两个人都明白，这中间没有爱。对于武三思而言，婉儿是深得女皇赏识的爱将，讨好了她，相当于间接讨好了女皇。何况，婉儿又是那么美丽，周身散发着女性迷人的味道；对于婉儿而言，武三思是女皇的亲侄子，深得女皇的信任。讨好了武三思，自己的生存就多了一份安全和保障。何况，武三思风流倜傥，周身的男子气概也深深地吸引着婉儿。

就这样，婉儿和武三思走到了一起。

五、庐陵王重登大宝天下复归李唐

晚年的武则天，生活腐化淫逸。转眼，她已经年过古稀，该考虑自己的子嗣问题了。是把王朝留给武家，还是由李家一脉传承呢？武则天犹豫不定。她把文武大臣召集到一起，大臣很明显地分为两派。有一部分人支持在武氏家族内部选拔；更多的人则建议女皇把被贬在外的庐陵王李显接回来。

看到女皇不断迟疑，朝中拥李派接连劝谏女皇把庐陵王接回来。狄仁杰等人还为此屈尊讨好女皇的男宠张昌宗、张易之兄弟。拿人钱财，与人消灾，张氏兄弟服侍女皇的时候自然没少为李显说好话。女皇年事已高，也不忍心让自己的儿子流落在外，决心把他接回来。她找来上官婉儿，让她草拟李显回朝的诏书。对于女皇的选择，婉儿并不吃惊，毕竟血浓于水。但她也不能眼睁睁看着自己的情人武三思失去继承权，她要试一试女皇的真正想法。所以，婉儿提起笔并没有立即写诏书，而是装作漫不经心地对武则天说："陛下已经决定了吗？"

武则天淡然地看着她，轻轻地问："决定什么？"

"决定让庐陵王接替陛下的位置啊！要不然陛下怎么会在这个时候把庐陵王接回来呢？"

"庐陵王是朕的亲生儿子，朕难道不应该把他接回来吗？"

"皇上一片慈母之心，奴婢当然理解！奴婢只是觉得陛下在为儿子打算之余也应该为自己考虑。"

"哦？怎么个考虑法？"

"大周天下是陛下的，也是武氏的。一旦陛下把皇位传给庐陵王，陛下百年之后谁来保护武氏家族呢？"

武则天看着她，心想：婉儿果然不一般，知道我在担心什么。但她仍不动声色地说："婉儿不必担心，朕自有主张。还有，这次宣庐陵王回朝是密诏，切不可把消息泄露出去。"

婉儿写完了诏书，武则天便命人把李显接了回来。

李显终于结束了多年的流亡生活，重新回到了京师。武则天和儿子叙了离别之情，然后让儿子站到政务殿屏风的后面，自己上朝去了。朝会散去，武则天把狄仁杰一人留了下来。武则天对他说："国不可一日无君，最近朕又身体欠佳。狄爱卿，你认为三思和显儿谁更适合做太子啊？"

狄仁杰见女皇又是问起皇位继承权的问题，不禁泪如泉涌，冒死直谏："陛下，武周天下是太宗皇帝一手打下来的江山，天下思李久矣。更何况姑侄与母子哪个更亲啊？望陛下接回庐陵王，顺应民意。"

"每次问你，你都这样，把庐陵王还你！"说着，武则天走到屏风后，把李显领了出来。

狄仁杰定睛一看，果然是庐陵王李显。激动得赶紧跪下："陛下圣明，陛下圣明啊！"

"狄爱卿快快请起！"

狄仁杰高兴地站了起来，"陛下，庐陵王是要继承大统的人，把他秘密放在后廷恐怕不太合适啊！"

"爱卿说得对，朕会举行隆重的仪式把他接回来的。"

说完，武则天又转身对李显说："显儿，你看到了狄大人对你有多么效忠了吧，以后有问题要常请教他，知道吗？"

李显哆嗦着回道："谢陛下，儿臣知道了！"

婉儿安静地站在一边，看着女皇自导自演这出戏，她当然知道女皇为什么这么做。女皇下决心接李显回来，就是决定要把天下给他的。可李显以前当政时的行为让女皇很不放心，所以女皇以这种方式把她信赖的能臣狄仁杰推荐给儿子，她多么希望自己百年以后儿子能

知人善用、任人唯贤，好好治理国家啊！一代女皇的气度和远见由此可见一斑！

狄仁杰退下后，武则天命令婉儿把李显一家偷偷送到洛阳城外的龙门住一晚，第二天又让婉儿带着朝廷的仪仗队和文武百官亲自到龙门接驾。接驾队伍中，自然有武三思，看着李显又回来了，武三思知道自己没有希望继承皇位了。只是他很生气，自己身边两个重要的女人姑母女皇陛下和情人婉儿怎么都不和自己说一声呢！到现在他才明白这两个女人是何等的相似！她们都富有政治能力和无边的智慧，她们又都只是为自己而活，在利益面前，她们翻脸比翻书还快。不过还好，姑妈和婉儿都没有和我翻脸。姑妈的决定我也改变不了，只希望姑妈不要忘了我就好！武三思心里打着自己的小算盘，表面上却一点也没有表现出来。他像其他王公大臣那样，热情地欢迎李显，“大度”地接纳李显。

回到家中，武三思立即去找上官婉儿，他要问明白她为什么要这么对他。在政务殿旁边，武三思见到了婉儿。

他走到婉儿面前，问道：“婉儿，陛下要接庐陵王回来，你怎么没事先告诉我呢？”

婉儿看着他，心平气和地回答道：“陛下说这是密诏，不能告诉别人。”

武三思抓住了婉儿的肩膀：“我们在一起这么多年，难道我也是别人吗？你这么做未免太无情了！”

婉儿依旧那么平和：“陛下虽然不让我说，可我屡次暗示过你，是你自己没有领悟出来。前些日子我就和你说，陛下年纪大了，思念儿子，将来可能会把皇位传给李家的人。可你却不相信，还说陛下会把武周传给武家的人。”

武三思一想，婉儿确实是说过这些话的，但嘴上还是不肯认输：“你怎么说就怎么是了？”

婉儿鄙夷地看了他一眼，笑道：“你怎么这么幼稚啊！庐陵王被接回来，将来就会继承皇位，你现在应该做的是讨好庐陵王夫妇，而不是来和我互相猜忌。”

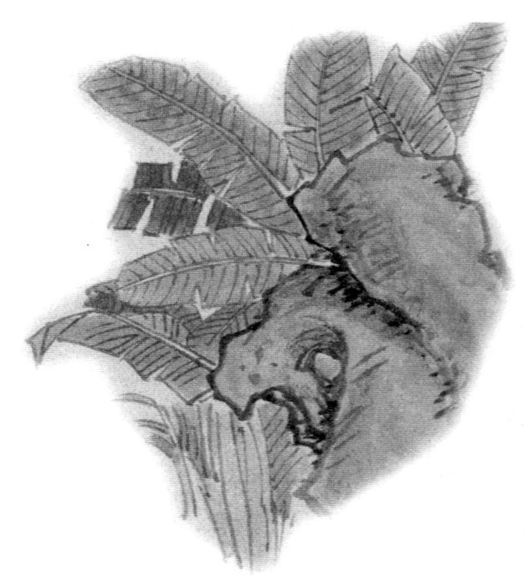

武三思被婉儿说得无地自容，赶紧道歉道："是我没有考虑明白，你可不要怪罪我啊！"

两人相视一笑，毕竟十几年的关系了，也不是说断就断的。

这些年来，李旦虽然身为太子，却过着近乎软禁般的生活。多年的生存经验早就磨光了他的志气，他唯一的愿望就是安全地生存、安静地生活。所以，当多年以后，在儿子李隆基的帮助下，他真的能当一个名副其实的皇上的时候，他反而没有了兴趣，最后还是把皇位禅让给儿子，继续去过自己安静闲适、与世无争的生活。现在知道哥哥回来了，他当然也明白女皇的用意，很知趣地再三上表请辞。刚开始，为避免伤害母子情谊，女皇假装不同意。

李旦又亲自找到女皇陛下："陛下，三哥已经回来了。自古长幼有序，儿臣恳请陛下改立三哥为太子。"如此再三，女皇下决心顺应民意，立庐陵王李显为太子。

698年，李显众望所归，重新被立为太子，结束了他多年的流亡生活。

为了防止武家和太子纷争残杀，武则天把儿女和武姓家族的成员召集到明堂，当着满朝文武百官的面，祭告天地，让他们共同宣誓，永远和平共处，互不仇杀。还立下铁券，藏在史馆里。武则天用自己的能力化解了潜伏的国家危机。

太子已立，武则天又安心地享受她晚年的乐趣去了！

快乐虽在，可毕竟岁月不待人，皇上也不能抵御年龄的侵蚀。又过了几年，武则天的身体愈加虚弱。人年纪大了，就喜欢回忆，最近她常常想起在长安的日子。所以武则天决定回长安住些时日，这一住就是3年。三年后，武则天又回到洛阳，回来后，她的病更重了，也更加贪恋世间的男色，最得宠幸的自然是张昌宗、张易之兄弟。平日里，二张就常常依靠女皇的宠幸胡作非为。现在，女皇病重，他们常常服侍左右，有时奏折女皇不看，婉儿不看，而是他们兄弟看，然后依照自己的意愿，乱加批阅。对于他们的种种行为，女皇只当没看见，

只要他们安心地服侍她，女皇就很知足。女皇的病愈加严重，二张也借此机会愈加嚣张。他们被武则天封以高官，有恃无恐，肆意干涉朝政，飞扬跋扈，不可一世，引起满朝文武大臣很大的不满。后来，武则天竟然常常把政事交给二张负责，太子李显的儿子李重润和妹妹永泰公主、公主的女婿魏王武延基私自议论这件事，被张氏兄弟知道了，哭着把他们告到了武则天那里，武则天竟因此把李重润等人都处死了。大臣们看着武则天所做的一切，知道是张氏兄弟怂恿而成。好不容易迎回庐陵王，他们不能允许这两个跳梁小丑把国家弄得乌烟瘴气。

所以宰相张柬之、崔玄暐，羽林将军桓彦范、敬晖等人来找太子，密谋除去二张，太子答应了。

神龙元年（705 年）元月二十二日，张柬之等人率领左右羽林军五百多人来到玄武门，派李湛等人到东宫迎接太子。可李显懦弱，犹豫不定。王同皎对太子说："先帝将国家交付给殿下，结果殿下横遭贬废，这是人神共愤的事。如今，上天赐给殿下这样的机会，朝臣同心，禁军合力，想要在今天诛杀奸佞小人，恢复李唐社稷。请殿下暂时到玄武门，顺应民意！"可太子怕起事不成，反累自己，他怯弱地说："奸贼当道确实当诛，可现在圣体欠安，我怕陛下受不了惊吓啊！我看我们还是以后再说吧。"李湛说："我们大家不顾身家性命，跟随殿下起兵。现在殿下反悔了，请殿下亲自去和将士们说吧！"李显惭愧，才下决心走出了东宫。

王同皎把太子扶到马上，一行人来到了女皇寝宫迎仙宫，在走廊捕杀了张昌宗、张易之兄弟。他们知道，政变的目的不仅仅是杀掉女皇的男宠，更重要的是要让女皇退位，把天下还给李家。所以，他们提着张氏兄弟的头，来到了女皇的病榻旁。"陛下，张氏兄弟意图谋反，臣等奉太子之命已经把他们斩杀了！臣等怕事情泄露，所以没有事先告知陛下。"

武则天痛苦地睁开双眼："什么？他们叛乱？"随即，武则天立即明白是怎么回事了。他对李显说："既然叛乱已除，你们就各自回去吧！"

张柬之等人哪肯丧失这个机会，桓彦范向前一步说道："陛下，太子既然出来了就不能回去了。当年高宗皇帝将爱子托付给陛下，现在太子年岁已长，

久居东宫，天意人心，天下思李唐久矣，希望陛下能传位太子。”武则天看了他一眼，说：“你也参与了谋杀张易之的行动？朕待你父子不薄，没想到你竟如此回报朕。”桓彦范很惭愧。武则天又看了看崔玄暐，对他说：“很多人是被别人推荐上来的，可你却是朕亲自选拔的，你怎么也在这儿呢？”崔玄暐无地自容，但这个时候，他们知道自己不能考虑一人的恩宠得失，要以国家大局为重，所以只能辜负女皇陛下的栽培了。面对百官的要求、挟制，武则天不得不同意他们的要求，她知道，自己的时代结束了。

第二天，病榻上的武则天宣布让太子监国，大赦天下。

第三天，武则天把皇位传给了太子李显。中宗即位，大赦天下，但张昌宗党羽除外。

第四天，复为皇太后的武则天托着病体黯然离开迎仙宫，迁居至洛阳城外的上阳宫。

李显当了皇上，高兴之余觉得有点对不起自己的母亲。他带领文武百官亲自来看望自己的母亲，还送给她“则天大圣皇帝”的称号。从此，每隔十天，唐中宗都会率领百官来上阳宫给太后请安。

神龙元年（705 年）二月，唐中宗李显把国号恢复为唐。

唐中宗李显通过政变复位，将还在病榻中的则天女皇“请”下了帝座。婉儿默默地看着这一切，她不由得慨叹时事的变化。想女皇陛下执掌大唐政权 50 多年，做了 15 年的皇帝，成为自古以来的第一位女皇帝，可谓一生荣耀，不想晚年竟如此落寞，连自己喜欢的男人都保护不了，最后还要被迫让位。婉儿知道女皇心中一定很难过，所以当中宗让她帮助他协理朝政的时候，她坚决地选择留在女皇的身边。因为，女皇对婉儿有着特殊的意义。是女皇把她从暗无天日的掖庭中拯救出来，还委以重任。是女皇教会她怎样在后宫中巧妙地生存。女皇的智慧无时无刻不在影响着她，她伴随武则天多年，两人的感情早就超越了奴仆关系。有时，女皇更像是把她当成一个朋友，有什么事都会和她商量，有什么话都会和她说。现在女皇失去了权力，又生命垂危，身边没有一个可以信赖的人，自己怎么能在这个时候离开她呢！

同年，在一个秋风萧瑟的晚上，82 岁的武则天孤独凄凉地死在了病榻上。她死

前留下遗愿，把自己和唐高宗李治合葬在渭水河畔的乾陵。同时，她不让儿子给他撰写碑文，她要留一座无字碑，是非功过，任由后人评说。

送走了一代女皇，婉儿整理心情，回到了李显身旁，还是负责帮他起草诏命。很快，婉儿就从悲伤中走了出来。她很清楚地知道：女皇走了，可她还要活。所以她重振士气，又投入到朝廷的事务中。

现在李显当政，她不得不重又投入李显的怀抱，因为她太需要安全感了。李显也不忘旧情，很快封她为“昭容”。昭容，是皇帝众多妃嫔的称号之一，其地位排在皇后（一人）、妃子（四人）之后，属于“九嫔”之中的第二名。虽然有中宗的宠幸，但婉儿还是很不放心。她知道中宗和韦后有一份特殊的感情。

中宗在流放生涯中，每天都过得担惊受怕。武则天每次派人去慰问的时候，李显都害怕得要上吊。有哥哥李贤的例子摆在那里，他相信母亲是能做出这样的事情的。在他担惊受怕的日子里，是韦后给了他莫大的精神支持，是韦后不断的劝慰，让他挨过了凄风苦雨，得以存活下来。所以，他贫贱的时候就对韦后说：“如果哪一天我还能回朝的话，一定不会亏待你的，你想怎么样就怎么样！”现在，李显果然回朝做了皇帝。他时刻履行自己的诺言，韦后无论提出什么样的要求，他都会尽量满足。

在李显没被流放以前，他就惧内。现在，两人又有了一层特殊的感情，所以婉儿必须要考虑韦后的问题。她很担心韦后像以前那样离间她和皇上的感情，她怕韦后加害她，所以她要想个办法解决。突然，她想起韦后似乎对武三思有情。还记得女皇在世的时候，曾经撮合李显的女儿安乐公主和武三思的儿子武崇训，后来他们结成了男女亲家。记得韦后第一次看到这位亲家的时候，眼睛停在他身上很长时间。苦于没有人从中牵线搭桥，韦后一直没能和武三思联系上。婉儿决定做这个红娘，借此讨好韦后。

她先去找武三思，陈说利害关系，让武三思结交韦后。然后，又亲自把武三思和韦后约到一起。

韦后平时在宫中爱赌双陆游戏，常常和武三思对坐着赌双陆，韦后故意撒痴耍娇，逗武三思玩笑。中宗看着不但不生气，还手中握着一把牙签儿，替他

们算着输赢的筹码。韦后得到了武三思，对婉儿感恩戴德，决定冰释前嫌，从此和婉儿成了好朋友。

李显很重用婉儿，婉儿提出的很多要求他都会答应。婉儿自幼喜欢写诗，不想浪费了才华，所以想趁着被宠幸的机会发挥自己的才华。于是，她建议中宗设立修文馆，大召天下诗文才子，邀请朝中擅长诗文的大臣进修文馆，摛藻扬华。她还组织宴会，赋诗唱和。婉儿常常同时帮助中宗、韦后、安乐公主赋诗，无不是佳作，当时很多人传看、唱和她的诗。中宗还让她品评大臣们作出来的诗，名列第一的人，可以得到很贵重的赏赐，甚至可以加官晋爵。

在武后当政时期，上官婉儿就组织过很多次诗会，其中最有名的是龙门诗会。一次，武后拿出一件锦袍，赐给最先写出诗的人，婉儿负责评定。东方虬第一个写完，把诗交给了婉儿，接着宋之问的诗也写完交给了婉儿。按照事先的规定，本来应该把这件御赐锦袍赐给东方虬，但婉儿却把它赐给了宋之问，因为她认为宋之问的诗文理兼美。

到了中宗时期，诗会仍然继续举办。当时有两个人久负盛名，他们就是沈佺期和宋之问。二人都是唐初的文豪，致力于诗的格律化，史称“沈宋”。二人诗风相近，诗才相仿，时人很难分出高下，是上官婉儿帮时人给这两位文豪作出了评定。一次，中宗带领百官去昆明池游玩，即兴赋诗，群臣应制百余篇。中宗让婉儿对百官的诗作一一加以评定，很快就有了高低结果，最后只剩下沈佺期和宋之问的诗不分高下。婉儿细心地读了二人的诗，认为两人才气相抵，但宋诗略胜一筹。因为沈诗的落句是：“微臣雕朽质，羞睹豫章材。”婉儿认为这两句话表明词气已经没有了；而宋诗的后两句是：“不愁明月尽，自有夜珠来。”词气仍在，并且很旺盛。听了婉儿的评价，沈佺期很服气。明代王世贞在《艺苑卮言》中也说：沈佺期的结句是“累句中的累句”，宋之问的结句是“佳句中的佳句”。后世评论也认为婉儿的评语一针见血，可见她的确不愧为一位宫廷文学的权威鉴赏者。

在众多诗学才子中，有一个人引起了婉儿的注意，他就是崔湜。在武三思府上，婉儿曾经见过他，那次见面，婉儿就被他的外表吸引了。不过当时婉儿还沉浸在与武三思的绵绵爱意中，无暇他顾。现在武三思投入韦后的怀抱，留下婉儿

一人寂寞。在这个时候又见崔湜，婉儿不禁心向往之。不想这崔湜又写得一手好文章，自然更讨婉儿的喜欢了。面对大自己六岁的上官婉儿的爱情，崔湜毫不犹豫地答应了。不单是因为他们都负有诗名，更重要的是崔湜知道上官婉儿在朝中的权势，他知道自己一旦依附了上官婉儿，马上就会有荣华富贵。婉儿也果然没有亏待他，常在中宗面前推荐他。他很快从中书舍人升为兵部侍郎，又升为中书侍郎、检校吏部侍郎、同中书门下平章事（同中书门下平章事在当时是宰相之位）。

可是有一点不尽如人意，崔湜住在宫外，婉儿住在宫内，两人见面很不方便。为了便于和崔湜见面，婉儿又想出了一个办法。她先去找韦后，让韦后求中宗允许宫女、妃嫔在宫外建宅，她知道韦后会答应这个请求，因为这样做也方便韦后私会自己的情人。让妃嫔在宫外建设府邸，这在唐朝历史上是绝无仅有的，但是韦后提出的要求，李显不得不答应。所以婉儿在宫外买了一处府邸，和崔湜做起了露水夫妻。后来，中宗派人在上官婉儿的居住地穿池为沼、叠石为岩，穷极雕饰，又常常带着大臣于其中喝酒、玩乐。这个地方亭台阁宇，园榭廊庑，风雅可称是洛阳第一家。后来崔湜在主持铨选时，犯了很多错误，中宗把他贬为外州司马。

自打婉儿把武三思介绍给韦氏，武三思整日只顾和韦后厮混，冷落了婉儿。李显又年老体弱，崔湜的出现，抚慰了婉儿寂寞的心灵。现在崔湜出事了，婉儿自然不能见死不救。所以婉儿去找安乐公主，求她帮忙。

安乐公主小名裹儿，是当年李显被贬流放的途中所生。当时韦氏没有准备，只能用自己的衣服把孩子裹在里面，所以得名裹儿。虽然成长的过程很艰辛，但长大后的安乐公主却出落得异常美丽，号称当朝第一美女。又因为安乐公主与李显患难与共的特殊关系，所以唐中宗对这个女儿非常宠爱。武三思就是看中了安乐公主的特殊地位，才会百般斡旋，让自己的儿子武崇训娶了她。

在安乐公主刚跟着父亲被武则天从乡下接回来的时候，婉儿没少照顾她。现在婉儿有事相求，她爽快地答应了。安乐公主只是和中宗撒了个娇，崔湜就官复原职了。

六、韦后弄权专政婉儿命丧黄泉

虽然中宗复位，天下复归李唐，但武氏一族在朝中的势力仍然很大。尤其是武三思，他凭借韦后和上官婉儿的帮扶，在李氏王朝中非但没有获罪，反而加官晋爵，深得中宗赏识，又被擢升为开府仪同三司。武家的人因为武三思的提升、重用，更加嚣张。

中宗复位，朝政混乱，韦后弄权，武三思得宠，这些事让朝中大臣非常不安。当年张柬之等人发动神龙革命，把武则天从帝位上“请”下来的时候，曾有人建议一并将武三思除去，但张柬之没有听从意见，所以未能成行。现在看到武三思联合韦后、上官婉儿搞得朝野乌烟瘴气，张柬之才决定联合力量除掉武三思。

他给中宗上表，说武三思和皇后有染，建议中宗除掉武三思，中宗不相信。在这以前，监察御史崔皎向中宗进谏，建议中宗削弱武氏的力量，保证朝野的稳定。中宗非但不听，还把崔皎的话告诉了武三思，武三思找机会贬了他的官。现在武三思知道张柬之等人还想除掉他，决定先下手为强，把他们一并除去。

他先去找韦后商量，已经结成同盟的韦后自然帮忙。但是韦后不知道具体怎么实施，她又找婉儿商量办法。婉儿想了想，然后说：“这几个人在朝中根基不浅，我们要一步步来。皇后可以先让皇上升他们的官，采取明升暗降的方法先夺去他们手中的权力，然后再从长计议。”

于是，韦后找到中宗，对他说：“陛下，滴水之恩，当涌泉相报。张柬之、崔玄暐等人不顾个人安危，帮陛下重登大宝，陛下还没有赏赐他们呢！”

唐中宗问：“依皇后的意见，朕该如何封赏他们呢？”

韦后答道：“陛下不如封他们为王，这是天大的荣耀。他们一定会感激陛下的恩宠，更加潜心辅佐陛下的。”

"好，就依皇后所言！"

于是，中宗封桓彦范为扶阳郡王，敬晖为平阳郡王，张柬之为汉阳郡王，崔玄暐为博陵郡王，袁恕己为南阳郡王。同时，还赐给他们很多金银、布匹，显示皇上的恩宠。这样，采取明升暗降的方法，武三思顺利地夺了五人的权力，自己在朝中更加不可一世。

可武三思还是不放心，他要将这几个人赶尽杀绝。

他秘密派人写了一张关于韦后淫荡乱朝的布告，然后让人贴到洛水桥上。以前，处士韦月将看不惯朝政如此混乱，曾经上书检举武三思和韦后通奸的事，还预言他们会勾结叛乱。面对臣子对皇后的指责，中宗非常不满，下令处死韦月将。黄门侍郎宋璟以自己的性命相抵，才免韦月将一死，发配岭南，后来中宗还是偷偷派人将他处死了。正是通过这件事，武三思知道中宗很注意韦后的名声，不允许别人破坏。所以，现在他想出了这个栽赃嫁祸的方法。

果然，中宗知道这个布告后，暴跳如雷，下令严查。朝中都是武三思的党羽，严查的结果自然说是五王所为。韦后又到中宗面前大加哭诉，武三思还找来儿媳安乐公主添油加醋，中宗盛怒之下，将五人贬出京师。武三思还让太子李重俊上书诛灭五王三族，李显没有答应。

中书舍人崔湜对武三思说："五王不除，必是后患！不如派人假传圣上的旨意，将他们全体诛杀。"所以，桓彦范在流亡贵州的路上遭杖杀而死；敬晖流放到崖州被杀害；袁恕己被流放到环州的时候，已经被逼疯了，还是难逃一死；崔玄暐在流放白川的半路被杀害；而张柬之也在被流放到襄州时，气愤而死。

武三思谋杀五王之后，权力已经上比君主了。他常常对别人说："我不知道什么是好人，什么是坏人。对我好的人就是好人，对我坏的人就是坏人！"一时间，很多奸佞小人投到他的麾下。兵部尚书宗楚客、将作大匠宗晋卿、太府卿纪处讷、鸿胪卿甘元柬等人都是武三思的党羽，御史中丞周利贞、御侍史冉祖雍、太仆丞李悛、光禄丞宋之逊、监察御史姚绍之更是对武三思摇尾乞怜，时称"三思五狗"。

韦后因为皇太子李重俊不是自己亲生的，所以很讨厌他。武三思也怕他继承皇位后会加害自己，所以对他小心提防、伺机破坏。上官婉儿因为与武三思、韦后的特殊关系，在撰写诏令的时候常常褒扬武家、贬抑李家。安乐公主和丈夫武崇训更是不把太子放在眼里，常常横加侮辱，甚至在人前称呼太子为“家奴”，她还常常怂恿中宗废掉太子，立她为皇太女。中宗虽然不答应，但从来不责备她。

太子李重俊忍无可忍，决定杀掉武三思一伙儿。

唐中宗神龙三年 7 月 6 日，李重俊带领左羽林军大将军李多祚、将军李思冲等人，假传圣旨，紧急征调 300 多名士兵冲进武三思家，杀死了武三思、武崇训等十余人，但没有找到安乐公主。李重俊派左金吾大将军守卫宫门，自己带领士兵冲进后宫，搜捕上官婉儿。上官婉儿当时正和中宗、韦后在一起。面对危机，她临危不乱，镇静地对中宗说：“皇上，看太子这样是想先杀婉儿，然后再杀皇上和皇后啊！”中宗吓得紧忙带着上官婉儿、韦后、安乐公主逃到玄武门城楼上，他又召集右羽林军大将军刘景仁率领一百名侍卫来城楼前护驾。接着，侍中杨再思、兵部尚书宗楚客又调集 1000 多名士兵进行平叛。李重俊站在城楼前，一直希望中宗能和他说话，问他为什么造反。可中宗站在城楼上，只是对李重俊的士兵说：“你们都是朕的士兵，为什么要起兵反朕啊？如果现在你们放下武器的话，朕会既往不咎！”造反的士兵看到敌众我寡，皇上又肯不追究，都纷纷倒戈。太子李重俊匆忙逃跑，在树下休息的时候被左右的人杀掉，将人头献给了中宗。

中宗拿着李重俊的人头来到武三思灵柩前祭祀，婉儿和韦后看着自己的情人惨遭杀害，不免心生凄凉。婉儿心想，世事多变，要懂得珍惜现在啊！还好，她还有崔湜。虽然最近崔湜又投入了安乐公主的怀抱，不过他也并没有怠慢自己。婉儿又想到李重俊竟指名杀她，才发觉自己交好武氏，已经得罪了李家的人。自此以后，她有意疏远韦后一伙，开始靠近太平公主。

武三思死了，韦后很伤心，但她的宝贝女儿安乐公主却很高兴。因为，安乐公主已经和武延秀（武承嗣的儿子）好上很长一段时间了。现在，武崇训不

在了，安乐公主光明正大地嫁给了武延秀。

武三思虽然被诛，朝野却没有多大改善。中宗等人耽于享乐，淫逸之风仍在蔓延。韦后、安乐公主、长宁公主（韦后的女儿，安乐公主的姐姐）、韦后的亲戚、上官婉儿、婉儿的母亲沛国夫人（郑氏在婉儿被封为昭容的时候，一道被封为沛国夫人）等人都依靠自己手中的权力恃强凌弱、卖官鬻爵。无论是屠夫、宫女，还是尼姑、道士，只要给她们行贿三万钱，都能得到自己想要的差事。

自从上官婉儿奏请后宫妃嫔可以在宫外设宅，很多人都到外面买了自己的府邸。朝中大臣、三教九流都跑到她们身边讨好，或是希望自己加官晋爵，或是希望给自己谋个一官半职。其中以安乐公主最甚。

安乐公主仗着中宗和韦后的宠爱，刁蛮、霸道，朝中很多官员都是经她推荐而晋升的。她还和姐姐长宁公主比赛，看谁的庭院更豪华，谁家的用度更奢侈。安乐公主请求中宗把昆明池赏赐给她，李显因为昆明池是很多渔民赖以生存的基础，所以没有同意。安乐公主一气之下，强夺民宅民地，开掘“定昆池”。定昆池方圆 49 里，一直到达南山。安乐公主又模仿华山造型，在其中兴建假山、堆砌石头。山中水道纵横，仿佛是天河。安乐公主将此池取名为定昆池，是为了显示这个水池比昆明池还要广阔、奢华。

安乐公主和长宁公主还常常放纵家奴出去强民占地，胡作非为。官府将她们的家奴抓捕下狱，两位公主找到中宗，中宗竟把他们全都无罪释放。

安乐公主还和太平公主各树党羽，互相破坏。中宗对此没有办法，他曾经问修文馆直学士武平一：“听说最近宫内外的皇亲、国戚、贵族相处得很不和睦，你有什么办法化解吗?”武平一回答说：“这都是因为有些奸佞小人从中挑拨，把这些小人驱逐出去就好了。如果这个办法还不灵验的话，皇上就要收回爱心，严加教训，防止这些皇亲国戚积累罪恶。”李显认为武平一说得有道理，赏赐了他，但并没有采纳他的建议。

景龙元年（707 年）二月，韦后说她衣箱的裙子上有五色祥云升起，让画

工把祥云图画下来给百官看。她还让右骁卫将军，知太史事迦叶志忠上表说："当初，高祖当皇帝前，天下歌'桃李子'；太宗当皇帝前，天下歌'秦王破阵乐'；高宗当皇帝前，天下歌'侧堂堂'；则天皇帝当皇帝前，天下歌'武媚娘'；圣上当皇帝前，天下歌'英王石州'。由此可见，现在皇上皇后仁德归心，天下人都很仰慕。所以，臣想送上'桑条歌'十二篇，让天下人都知道皇上、皇后的丰功伟业。"中宗高兴地同意了，这篇歌颂韦后的桑条歌让韦后的野心昭告于天下人面前。

韦后势力日盛，定州人郎岌上疏说："皇后淫乱后宫，必将作乱！"中宗下令将郎岌乱棒打死。

许州燕钦融又上疏，说："皇后淫乱、干预朝政、外戚势盛；安乐公主、武延秀、宗楚客胡作非为，阴谋危害国家。"百官上疏不断，中宗决定召见燕钦融一问究竟。燕钦融一边磕头，一边陈述，声泪俱下。中宗呆在那里，说不出话。燕钦融走后，宗楚客假传中宗旨意，派人捕杀燕钦融，燕钦融惨死。中宗虽然没有追究宗楚客的责任，但心中很不高兴。自此，中宗有些疏远韦后。

韦皇后是一个权力欲极强的女人，一直想成为第二个武则天。中宗刚刚复位的时候，她就坐在帘子后面，临朝听政，时时给中宗以训示。上官婉儿也常常劝谏韦后行则天故事。则天故事无非是两点，一是做皇帝，二是养男宠。这些年来，韦后有许多情人，就连女婿武延秀和她的关系也不清不楚。养男宠实现了，做皇帝却还没有实现。现在，看到中宗的变化，韦后怕中宗哪一天会和她反目，决心害死中宗，自己做皇上。安乐公主一直想做皇太女，中宗没有答应，她耿耿于怀，也加入到谋害父亲的阵营中。韦后答应安乐公主，一旦自己成为皇上，就封她为皇太女。

散骑常侍马秦客精通医药，光禄少卿杨均擅长炒菜。由于经常出入宫廷，他们和韦后都有不可告人的通奸关系。韦后借此威胁他们，他们怕中宗知道了怪罪，只好也投入谋害中宗的阵营。二人合力，做了一个有剧毒的馅饼，毒死了中宗。

中宗死后，韦皇后密不发丧，而是把亲信找了来，开始集中权力。她动员士兵五万人守卫京师，

让韦温总管全国兵马。

看到中宗被韦后毒死的那一刻，婉儿就明白发生了什么。具有敏锐政治嗅觉的她知道又要变天了，她又要选择一队来站。现在虽然韦后的势力略胜一筹，但仍有很多朝臣拥护李家。太平公主的势力也很强大，最后鹿死谁手还不好说。所以，她现在不能明确地站在哪一边，她哪边都不能得罪。婉儿立即把太平公主找来，看到哥哥的死尸，同样具有政治能力的太平公主当然也明白怎么回事。她和婉儿要联手阻止韦后的阴谋，可现在又没有什么办法。正好，韦后让婉儿起草中宗遗诏。婉儿只能采取折中的办法：立温王李重茂为太子，韦后辅佐幼主，相王李旦参知政事。婉儿本想通过这个办法，让李旦牵制韦后，阻止韦后的阴谋。谁知宗楚客觉得把李旦留在身旁是个祸害，所以率各宰相上表，请皇后临朝主政，免除了相王李旦的职务。李旦被改封为太子太师，婉儿的权宜之计没有成功。

一切准备停当，韦后命人把中宗的灵柩抬到大殿中，昭告天下。3 天后，太子李重茂即位，韦后掌管政事。事情进行得很顺利，宗楚客、武延秀等人劝韦后早些登基一统。于是，韦后大换朝臣，提拔韦氏一族和自己的亲信。接着，宗楚客又秘密上疏韦后，伪造神示，说韦后是上天注定要推翻李氏王朝的人。最后，只剩下一个障碍了，那就是太平公主和李旦。李旦是继承过大统的人，拥有很多朝臣的拥护；太平公主在朝中势力强大。宗楚客和韦温、安乐公主商量，密谋除掉李旦和太平公主。

兵部侍郎崔日用一直归附武、韦一伙，知道了宗楚客的阴谋，他怕事情失败，大祸会降临到自己头上，有人暗中把事情告诉了李隆基。

李隆基是相王李旦的儿子，曾经任潞州别驾，被免职后又回到了长安。他秘密团结拥护李唐的大臣，结交有才干的勇士，密谋推翻韦氏，恢复李唐政权。唐太宗李世民的时候，曾经甄选朝中的骁勇健儿，穿上画有虎皮的衣服，随从皇上出游打猎，在马前射击走兽，号称“百骑卫士”。武则天时，人数增至一千人，号称“千骑卫士”，隶属左右羽林军。到中宗时，人数已经增加到一万人，

号称“万骑卫士”，设专门官职万骑果毅负责管理。李隆基用心和他们中的豪杰英雄结交，交下了很多人。

知道了宗楚客等人的阴谋，李隆基与太平公主商量，决定先发制人。唐中宗景龙四年（710 年）6 月 20 日，李隆基在万骑果毅葛福顺、李仙凫的支持下，伙同太平公主及其子薛崇简、刘幽求等人发动政变。是夜，天降大雪，刘幽求道：“天意如此，机不可失！”葛福顺遂拔出长剑，率领士兵，闯进羽林军大营，杀死了韦璇、韦捷、高嵩，砍下他们的人头说：“韦皇后毒死先帝，阴谋乱朝，人人得而诛之。凡韦氏族人，身高有马鞭长的都杀无赦！我们要拥护相王李旦，安定天下，凡助纣为虐者，杀无赦！”士兵都不满意韦氏，高兴地把韦璇的人头送给玄武门下的李隆基。韦后仓皇失措，逃到飞骑卫士营，被士兵砍下头颅，献给了李隆基。正在镜前打扮的安乐公主，被一拥而进的士兵杀死，武延秀也被士兵在肃章门杀死。

听到皇宫内喊声震天，婉儿紧忙出去查看，才知道是李隆基和太平公主发动了政变。身居要位多年，还曾经依附武三思、韦皇后的上官婉儿深知自己在劫难逃。她泰然地走到宫门前，亲自迎接这一刻，宫女们手持烛火，站在她的身边。刘幽求的先锋军队到了，婉儿安静地把自己曾经草拟的中宗遗诏给他看，婉儿并不是想为自己开脱，她只希望李隆基明白，她生命的最后时刻是心向李唐的。刘幽求拿着中宗的遗诏，求李隆基网开一面。李隆基也舍不得杀上官婉儿，毕竟她是一代才女。但是，上官婉儿犯下的罪过实在不可饶恕。是她穿针引线，帮助武、韦联合，是她帮助武、韦势力迫害李家的人，上官婉儿对于朝野的混乱负有不可推卸的责任。所以，李隆基把心一横，将她斩于军旗之下。

就这样，在红烛的微光中，上官婉儿结束了她宦海沉浮的一生。

宛转蛾眉——杨玉环

杨玉环是中国古代四大美女之一。在崇尚“以胖为美”的唐代，杨玉环凭借她丰腴的身材、美丽的姿容、出色的舞姿，先后赢得了皇子和皇上的宠爱，先是成为寿王妃，而后又成为杨贵妃。因为她，唐明皇无心政治，杨家人横行朝野。她的堂兄杨国忠更是爬上了权利的顶峰，坐上了宰相之位。后来“安史之乱”爆发了。杨国忠被杀，杨玉环被赐死于马嵬坡。

一、丽质天成皇子倾心

大唐开元七年（719年），一个水灵灵的女孩降生到蜀州司马参军杨玄琰家中，她就是后来历史上大名鼎鼎的贵妃杨玉环。杨玄琰看着这个女娃，粉脂玉面，特别可爱，心中不禁增添了几分怜爱之情，玉环在父母爱的滋润下一天天长大。

从小，她就特别爱动，喜欢屋里屋外地乱跑。父亲见她如此活泼，便请人教她学习舞蹈和音乐。她也很感兴趣，学习非常认真。一段时间以后，已经可以独立地跳上一曲了。

玉环小的时候就特别喜欢吃荔枝。杨家的前院有一颗非常茂盛的荔枝树。每年，不等荔枝成熟，玉环便站在树下嚷着要吃。于是，父亲就从树上摘下几颗青涩的荔枝送到玉环胖胖的小手中。她迫不及待地咬下去，然后"啊"地吐出来，父亲在一旁慈爱地笑着。于是，玉环撅起小嘴，生气地说："爹爹，你骗人。""是你嚷着要吃的嘛!"父亲和蔼地答着。童年的生活总是快乐并且让人留恋的。

可惜的是，杨玄琰的身体一直不太好。到了玉环10岁这年，杨玄琰的病更加严重了，甚至到了不能办公的地步。这天中午，玉环正在荔枝树下玩耍。她时而抬头看看荔枝树，时而看看地下的小虫。阳光透过树叶洒在她的脸上，照出一脸的美丽和活泼。这时，她惊喜地发现似乎有一颗荔枝熟了。于是，她一蹦一跳地跑到父亲的书房，嚷着要父亲给她摘荔枝吃。可是，一向勤奋的父亲，今天竟然没在书房办公。小玉环便来到了父亲的卧室。此刻，父亲正躺在床上，安详地睡着。玉环摇着父亲的胳膊，撒娇地喊："爹爹，快起床，爹爹，该起床了。"可是，任凭她怎样呼喊，父亲仍是安静地睡着，似乎没受到任何的打扰。小玉环急了，哭着去找母亲。母亲一看躺在床上的丈夫一动也不动，一遍

遍地喊着他的名字，让他醒过来，可他最终也没有醒来。这个柔弱的女人此时表现得异常坚强，她知道，玉环还小，还无法理解和承受什么是失去父亲。所以，她强压着心中的悲痛，平静地对玉环说："玉环，你父亲睡着了，去了另外一个地方，最近都不能回来了。玉环要乖，父亲虽然不在身边，可是玉环做什么父亲都知道，也会支持你的。"玉环在似懂非懂中陪母亲办理了父亲的丧事。

杨玄琰走了，这个家庭也失去了顶梁柱，孤儿寡母的生活很是艰难。还好，不久以后，杨玄琰的弟弟杨玄珪来到了这里，将嫂嫂和哥哥的遗孤接到洛阳和他们一起生活。

转眼间，玉环母女已经在洛阳住了快半年了，玉环也渐渐适应了这里的生活，和叔叔一家人也都相处得很好。叔叔快过生日了，玉环想："送给叔叔什么生日礼物好呢？"玉环的母亲其实已经想好了，她准备让玉环在杨玄珪的家庭生日宴上跳一段舞蹈，既可以让他开心，也能顺便让他看到玉环舞蹈方面的才华，从而为她争取到继续学习舞蹈的机会。母亲亲自动手为玉环缝制跳舞时要穿的裙子。很快，杨玄珪的生日到了。玉环穿着美丽的裙子走到叔叔面前，既兴奋，又紧张。随着音乐响起，玉环翩翩起舞，完全忘记了之前的紧张，她的舞姿活泼、美丽、轻盈，感染了在场的每个人。母亲在一边看着，也满意地笑了。一曲舞罢，杨玄珪拍手称赞："早听说玉环舞跳得好，今天看了，果然很有跳舞的天资啊。""小叔过奖了，玉环小时候在蜀州曾有专人教授她舞蹈，否则也不能跳得这样好。"母亲适时地补充道。"哦，原来是这样，这孩子这方面还真是挺有天分的，明天给她请个老师继续学习吧。不过，也就是当兴趣玩玩，可不能太认真啊！"杨玄珪的话说到母亲心坎里去了。玉环喜欢跳舞，可是在当时，专门跳舞的人是歌舞伎，官宦家的女儿们是不能染指的。所以玉环开心可以玩玩，但确实不能太认真的。但玉环还小，她不懂得这许多。她只知道叔叔要请老师教她跳舞啦，所以非常开心。

在叔叔家，玉环有时学习跳舞，有时和哥哥读读书，有时和姐姐们出去玩，虽然有时也会很想念父亲、想念蜀州的那个庭院，但洛阳有很多新鲜的东西，所以玉环的日子还是过得

挺开心。可是，母亲却常常睹物思人，悲从中来，加之身体本来也很柔弱，于是渐渐地憔悴起来，不久也离开了玉环。

叔叔和婶婶看到玉环小小年纪相继失去了父母，很是同情，因此也就倍加怜爱。所以，玉环虽然失去了父母，但得到的父爱、母爱并不曾减损。后来，她便直接称呼婶婶为母亲、叔叔为父亲了。

时间悄然划过，玉环转眼间已经是个亭亭玉立的大姑娘了。她能歌善舞、笑靥如花，加上又活泼好动，芳名渐渐在洛阳城里传播开来。叔叔和婶婶看着这个貌美的“女儿”，心里开始筹划着为她找个好夫家，毕竟玉环已经到了成婚的年龄了。玉环也常常做着自己的梦，猜想着自己的真命天子是什么样子的。但是她从来没想过自己会嫁入皇家，叔父只是个七品小官，是从没奢望过能攀上高枝的。

大唐开元二十二年（734 年），人们还沉浸在新年的喜悦当中，因长安城粮食歉收，物价吃紧，唐玄宗带着文武、宫妃、皇子、公主来到洛阳，以缓解长安粮食紧张的压力。皇帝一行给洛阳城增添了喜悦的气氛，人们欢呼雀跃地迎接大唐的天子。

随着皇帝的到来，很多人都聚集到了洛阳。文武百官互相走动，杨家也开始热闹起来，其中最为显贵的便是时任监察御史的杨慎名。杨慎名与杨玄珪同属杨姓，并且都自称是东汉太尉杨震之后，因此杨玄珪在京做官时两人关系就比较好，走得也比较近。

杨玄珪的曾祖父杨汪曾做过隋朝尚书，而杨慎名的祖先曾做过隋朝的皇帝，这也是他能在唐代得以被任用的原因之一。隋朝末代皇帝杨广在江都被杀，其子杨暕也被杀，杨暕的夫人后来生下了一个遗腹子叫杨政道，而杨慎名正是杨政道的孙子，所以也算是出身名门了。唐太宗李世民为人心胸宽广，一直善待杨家后人。因此，杨家的后人在唐朝几乎代代为官。杨慎名这次随皇帝出行，家眷也都跟随而来。

两家的走动越来越多，孩子们便也彼此熟悉起来。玉环经常到杨慎名家做客，很得杨慎名妻子的喜欢，经常邀请她参加内室宴会。杨玉环在宴会上一出

现，总会惊艳四座。大家纷纷打听这个美人儿是谁家的闺女，她的美色一夜之间传播开来。

大唐开元二十三年（735年），皇帝最宠爱的女儿咸宜公主出嫁，在洛阳举行了非常隆重的婚礼。咸宜公主是皇帝宠妃武惠妃的女儿，武惠妃是武则天侄子的女儿。在当时,武惠妃一人得宠，行皇后之职，她的女儿出嫁，自然也就不比寻常公主了。一次，长宁公主来杨慎名家做客，正好遇到了同来做客的杨玉环，看到这个女娃青春可人、貌美如花，非常喜欢，于是邀请她做咸宜公主的伴娘。

咸宜公主的伴娘一共有8人，除了杨玉环外，其他7人都是皇亲国戚。因此，玉环既感到荣幸之至，又感到紧张莫名。她很懊恼自己平时为什么不多学习些礼仪呢，怎么把时间都花在了跳舞和玩耍上呢？为公主做伴娘，玉环此时幸福极了，又焦躁极了。

公主大婚，果然来了好多人。场面宏大，人声鼎沸。玉环站在公主身边，用眼睛偷偷打量着到场的人，心里不由得感慨道：“皇室子女结婚就是不比我们平常百姓啊！”因此也不免生出几分羡慕之情。玉环只顾着打量周围人，却没发现下面有个人正在打量着她，这就是咸宜公主的哥哥寿王李瑁。

玉环毕竟是个美人坯子，站在其他7人当中已是光彩非常了，加之今天又施以粉黛，更增添了几分美丽。因此，站在公主身边的她吸引了在场很多人的目光。许多人只顾打量着这个丰腴、俏丽的美人，却忘了今天的主角是咸宜公主，李瑁便是这其中的一个。咸宜公主也不生气，反而以有这么一位貌美的伴娘而自豪。

婚礼进行得很顺利，玉环也表现得很好。回到家后，玉环深深地舒了一口气。虽然不是很紧张，但这毕竟是玉环经历过的最大的场面了。她独自坐在床头，还激动地回忆着婚礼上的细节，这时，一双热辣辣的眼睛出现在她的回忆中。她记得有一个身穿白衣的公子在婚礼上一直看着她，但她又不好意思去回看他，因此，她不

知道他是哪家的公子。但是，玉环的心已经微波荡漾了。

过了几天，杨玄珪府门前来了一辆豪华气派的宫车，原来是咸宜公主来接玉环去她家玩。在婚礼上玉环给咸宜公主留下了很好的印象，两人年纪也相仿，所以很谈得来。当得知玉环喜欢跳舞后，咸宜公主甚至调皮地要玉环教她跳舞。咸宜公主没有跳舞的底子，因此学起来很吃力，但是玉环常常鼓励她，并以身示范。所以，在学习跳舞的日子里，公主和玉环的感情也随着接触而愈加深厚起来。

这天，玉环正在咸宜公主府上与她相谈甚欢，仆人回报说寿王来了。玉环赶紧要回避，咸宜公主说："寿王是我的亲哥哥，为人也和蔼，你不用回避。"玉环只有站在咸宜公主身旁，心里很是忐忑不安。这时，一个身穿白衣的翩翩公子走了进来。玉环看着他，觉得非常眼熟，"这不是在公主婚礼上看到的那位公子吗，原来是个皇子，难怪气度那么非凡。"玉环心里想着，却假装不认识。因为，她不知道寿王是否还记得她。显然，寿王也注意到了眼前这位美女。于是，经过咸宜公主的引荐，两人算是正式认识了。但是玉环不知道，寿王在婚礼那天就喜欢上了她，今天就是听说她在妹妹府上而特意赶来的。

刚开始，气氛有些紧张，玉环也表现得很拘谨。这时，咸宜公主提议要给哥哥表演自己新学习的舞蹈，可是有些动作还并不是特别熟练，于是她拉着玉环一起跳了起来。坐在一旁的寿王没想到美丽莹润的玉环舞竟跳得如此优美，这在贵族子弟当中实在是很少见的。时间过得是那样快，玉环的舞蹈结束了，而寿王和玉环都意犹未尽。中途退下场来的咸宜公主将一切都看在眼里，心里猜想到哥哥这回是动了心了，应该为哥哥多创造些机会才是。于是，她有意让玉环和哥哥坐得近一些，也找些共同的话题来谈，甚至谈到了哥哥小时候的一些顽皮事情，惹得玉环也哈哈大笑。玉环发现，寿王不像其他皇子那样清高孤傲、难以接近，而是非常随和、还很幽默呢！这次相见，两人都很愉快。回到家后，玉环一直回想着这次意外的邂逅，心里想念着什么时候才能再见到寿王。

接下来的日子非常难挨，玉环常常盼望着能够再见到寿王，说不定可能会

在大街上碰到呢！还没等玉环在街上碰到寿王，咸宜公主就又请她过去玩了，恰巧寿王也在。当然，这是咸宜公主在两人都不知情的情况下安排的，好制造偶然见面的机会。

寿王见到玉环是又惊又喜。三个人坐了下来，谈洛阳、谈长安。玉环以为洛阳已经很美很繁华了，可是寿王口中的长安城繁华热闹更胜洛阳许多，看着寿王津津有味地谈论着长安城，玉环不禁对生活在那里的人又增添了几分羡慕之情，她也是很喜欢热闹的呀。

一会儿，咸宜公主有事情要临时走开，因此嘱咐哥哥说："哥哥，替我带着玉环四处走走，玉环来了许多次，还没去过后花园呢。"于是寿王带着玉环来到了驸马府的后花园。驸马杨洄是长宁公主的儿子，又娶了皇帝最宠爱的女儿，因而驸马府的设置还是很豪华的。后花园很大，里面有很多的奇花异草。两人信步走着，微风吹来，吹起了杨玉环鬓前的青丝。寿王温柔地看着她，心想"身边的花儿再美也没有眼前这个美人美啊。"于是，情不自禁将她搂入怀中。玉环的脸上泛起一抹红晕，心底的幸福一圈圈地漾了起来。自此之后，两个人经常在咸宜公主这里见面，有时三人也相约一起出去游玩。

待时机成熟，咸宜公主便向双方提出了谈婚论嫁的问题。能嫁给寿王，杨玉环当然开心地同意了；寿王也开心地答应了。咸宜公主很开心，自己的哥哥终于找到了心上人，还是这么个大美人。当杨玄珪接到寿王的聘礼时简直不敢相信这是真的，他没想到自己的女儿竟飞上枝头，嫁给了一个皇子。当然，他保持了应有的清醒，大方有礼地接受了对方的聘礼并商量了成婚的日期。这时，杨玄珪意识到，他们杨家的命运可能会因此改变，他也可能因此实现多年的夙愿回长安做京官。但是，此时的他远没有想到在不远的将来，他们杨家竟因为这个女子而走上权力的顶峰。

寿王和杨玉环的婚礼比咸宜公主的还要盛大、壮观，全洛阳人共同庆祝。杨玉环幸福极了，她嫁给了一个皇族，还是一个爱自己胜过一切的风流倜傥的皇子。

二、成凤枝头万千宠爱

婚后的生活比杨玉环预想的还要甜蜜，生活上虽然少了些自由，但是寿王对他非常体贴。两人经常偷空溜出去玩儿，就是留在府里，寿王也陪着玉环学

习舞蹈、吃饭、赏花。他们还经常到皇宫内看望武惠妃，武惠妃从杨玉环身上看到了自己年轻时的影子，所以对她更加喜爱。初为人妻的杨玉环就已经知道利用寿王对自己的宠爱做些有利于自己家族的事情了。她先是和寿王讲述了自己失去双亲的童年，又告诉他自己在叔父家得到了怎样的优待。寿王听了很受感动，找驸马都尉杨洄帮“岳父”谋了个差事国子监太学博士。在国子监当职虽然是个闲差，但其中的人多是饱学之士，在朝中很受尊重。杨玄珪从一个正七品下阶的地方官一下变成了正六品上阶的京官，开心不已。后来，寿王得知杨玄珪的儿子，也就是杨玉环的堂兄还没有娶妻，问妻子道：“哥哥为什么不肯娶妻呢？是有什么特殊的喜好吗？”杨玉环无奈地回答道：“我这个哥哥每天只知道看书，哪有时间考虑娶妻的事情啊！”寿王从此便开始偷偷给玉环堂兄物色合适的女子。事有凑巧，一次他进宫向母妃请安，正好碰到了岐王的女儿承荣郡主。寿王一看这个女孩不施粉黛、衣着朴素，肯定适合做事谨慎、低调的大舅子，于是就请母妃武惠妃为他的大舅子做媒。武惠妃年轻时曾几次怀孕，但孩子们都夭折了。当寿王出生的时候，为了能让这个孩子生存下来，从小就送到了宁王府中。宁王和岐王交情很好，因此武惠妃和岐王也走得很近。武惠妃曾经见到过寿王妃的这位堂兄，觉得这个人很踏实，儿子的妻兄如果能和郡主联姻的话，对寿王也是有好处的，所以她开开心心地答应了。武惠妃出面，事情当然会办成。杨玄珪知道这个消息后惊愕得简直不敢相信，女儿能嫁给皇子已经是天大的幸运了，如今儿子又要迎娶郡主，他觉得老天对他真是不薄了。

隐隐地他感觉到，他们杨家复兴的时候就要到了。

杨家的婚事热热闹闹地进行着，武惠妃也在为她的儿子谋划着。她深得玄宗的宠幸，位同于皇后，可是太子李瑛却不是她生的。因此，她一直想除掉李瑛立自己的儿子李瑁为太子。李瑛是唐玄宗第二个儿子，他的母亲赵丽妃曾经得到玄宗的宠幸，后来武惠妃专宠，玄宗渐渐疏远了她。李瑛知道自己的母亲不得宠，也知道武惠妃一直觊觎太子的位置，所以行事特别小心、谨慎，尽量不让武惠妃抓到什么把柄。驸马都尉杨洄知道岳母武惠妃急于废掉李瑛，也暗中帮忙搜集证据。在玄宗宠幸武惠妃以前，曾经先后宠幸过赵丽妃、皇甫德仪和刘才人，她们分别生下了太子李瑛、鄂王李瑶和光王李琚。后来因为武惠妃得到玄宗的专宠，这三个妃子便相继失宠。李瑛、李瑶与李琚三兄弟也因此与自己的父亲疏远了很多，他们常常为自己的母亲不得宠而郁郁寡欢，总在背后说武惠妃的坏话。太子李瑛也知道自己处境危险，常常劝诫他们注意言行，不要给武惠妃留下可以栽赃的口实。可武惠妃却步步紧逼，太子的待遇还不如后宫普通皇子的待遇，鄂王李瑶和光王李琚为太子鸣不平，虽然不敢在人前说，但周围没有其他人时，三人常聚在一起发泄心中的不满。这天，三兄弟又聚在一起喝酒，李瑶和李琚忍不住又说起了武惠妃的坏话，酒过三巡，李瑛也渐渐把持不住，参与到诋毁武惠妃的阵营当中。驸马督尉杨洄安插在太子身边的眼线立即将他们说的话告诉了杨洄，杨洄又转告给武惠妃，武惠妃添油加醋地转告给唐玄宗：“皇上，太子聚众诅咒臣妾，还说您是老糊涂了的昏君啊！您在的时候太子都敢如此明目张胆地诅咒臣妾，哪天您要是不在了，臣妾可怎么活啊，皇上一定要为臣妾做主啊……”唐玄宗听了非常生气：“这太子李瑛将来是一国之主，非但不思进取，反倒干这些勾当，真是太让朕失望了！朕要废了他！”玄宗找来亲近大臣商量废太子的事情。宰相张九龄极力反对：“皇上，废立太子是大事情，不可以草率啊。太子李瑛为人一向忠厚老实，并没有犯下什么大错，如果贸然废了他，天下人都会伤心的，请皇上三思。”同来的几位大臣也力保太子，玄宗只好放弃了这个想法。

后来，李林甫设计陷害宰相张九龄，玄宗罢了张九龄的官，李林甫取而代之，势力愈加强大起来。李林甫知道武惠妃受宠，积极向她靠拢，在玄宗面前常常夸赞寿王如何有能力，为人如何达观等等。天长日久，玄宗对寿王的印象也越来越好。武惠妃觉得时机越来越成熟，决定加紧废太子的进程。可自从上次事件后，太子行事更加谨小慎微，让武惠妃无从下手。时间紧迫，就怕夜长梦多，可又无计可施。杨洄看着岳母着急的样子，知道岳母的心事所在，上前建议道："母妃不要着急，他们虽然行事小心，但我们可以引蛇出洞。"

"怎么个引蛇出洞？""如此这般……"两人商量完毕后，武惠妃便开始实施这个计划。

她派人请太子三人赴宴，又特意告诉他们最近宫中不太平，常有贼人出入，所以他们可以佩剑防身。虽然知道武惠妃可能没安什么好心，但是武惠妃的邀请他们却是不好拒绝的，只好前去赴宴。他们一上路，就有人报告了。武惠妃见三人中计，一面命令侍卫捉拿反贼，一面撕破衣服、弄乱头发，跑到玄宗面前，一把鼻涕、一把眼泪地哭诉起来："皇上救我，皇上救我……"

"爱妃，发生了什么事？"

"皇上，太子造反了，他要杀臣妾，臣妾跑得快才幸免于难啊！"

"啊？真有此事，爱妃别怕，和朕一起去看个究竟。"玄宗向后宫走去，果然看见太子三人拿着剑被侍卫包围起来。

"你们好大胆，竟然要造反，该当何罪？"

"父皇，儿臣冤枉啊，是武惠妃邀请儿臣来赴宴的！"

"一派胡言，既是赴宴，为什么要带剑，你在皇宫长大，难道不知道入宫不可以随便携带兵器吗？"

"父皇，是武惠妃特意叮嘱的啊！请父皇明鉴，儿臣冤枉啊！"

"爱妃，太子所说是否确有其事啊？"

"皇上，臣妾从来没有邀请太子赴宴啊！皇上明鉴！"

"好毒的妇人，你今日冤枉我兄弟三人，我们就是做鬼也不会放过你的！"

"来人，把这三个逆子收押再审。"

武惠妃还在一旁哭哭啼啼："皇上一定要为臣妾做主啊！皇上……"

"爱妃放心，朕一定会给你一个说法的。宣李林甫进宫。"

李林甫入宫面圣，唐玄宗问他："太子无德无能，朕早就想废掉他，却遭到朝臣的反对。今日他竟然又联合另外两个王爷造反，朕想废掉他，爱卿认为怎么样？"李林甫回答说："这是皇上的家务事，皇上不需要和朝臣们交代！"于是玄宗把太子等三人贬为庶人。后来武惠妃又找机会杀死了三人。

太子被废，武惠妃以为寿王的机会来了，找来李林甫商议重新立太子的事情。可是当时天下人都觉得太子死得冤枉，认为武惠妃做得太绝，舆论对寿王很不利。李林甫也知道这个时候在皇上面前举荐寿王，对自己可能不利，所以和武惠妃虚与委蛇，事情没有马上成行。自从设计杀害了太子三人后，武惠妃的身体渐渐虚弱起来，她常常梦见三人的鬼魂来向她索命。她也后悔自己当时为什么那么冲动，太子已经被贬为庶人，对自己不会有威胁了，为什么还要杀了他们呢？噩梦常常困扰着武惠妃，武惠妃越来越憔悴，终于在一个没有月亮的晚上离开了人世，那年她才 38 岁。

武惠妃的死对玄宗是个很大的打击，玄宗终日茶不思、饭不想，人也渐渐憔悴了。高力士在一旁瞧在眼里，疼在心里。他下定决心要帮玄宗再找一个佳人来。都说南方出美女，高力士亲自出马，南下寻找美人。皇天不负苦心人，他为玄宗带回了梅妃。梅妃虽好，但玄宗还是不能忘记武惠妃，常常会想起她。当时，每年的十月，皇上都会带着家人到华清宫游乐。又一个十月要到了，高力士想着到时候举办一个盛大的宴会，把宫中的妃嫔、命妇们都找来热闹热闹，让玄宗高兴高兴。转眼，十月到了。玄宗带领着自己的妃嫔和儿孙们一起游幸华清宫。十月的长安已经很冷了，但这华清宫内却还如夏季，百花鲜艳、温泉暖暖。第二天，宫廷中举办了声势浩大的宴会，所有妃嫔、命妇都应邀出席，整个后宫被各式各样的美人包围着。只有玄宗一人仍是郁郁寡

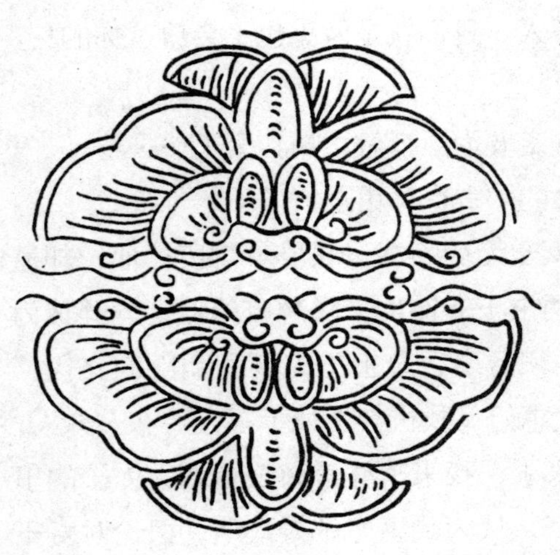

欢，他还沉浸在失去武惠妃的悲痛之中。虽然最近高力士又从外面为他找了些新的妃子，其中也不乏梅妃那样清新脱俗的女子，可在他的心里却总不能忘记武惠妃的好，越是在欢娱的时刻，他越是想起武惠妃的音容笑貌。所以，当他的儿女们在前庭嬉戏时，他独自一人走在宫廷的小路上排遣寂寞。他静静地走着，仿佛这路没有尽头。恍惚中，武惠妃似乎正站在前方，背对着他，观赏美景。“爱妃，爱妃，爱妃回来看朕吗?”说着，玄宗向那女子扑了上去。谁知这女子一回头，竟不是武惠妃。虽然不是武惠妃，但美丽更胜武惠妃。玄宗心想：“不知是谁家女子，长得竟如此像朕的爱妃，难道是上天可怜朕，派这个女子下来?”“你是谁家女子啊?”

杨玉环因为不胜酒力，偷空出来吹吹风，没想到竟然在这里碰到了天子，简直受宠若惊：“臣妾是寿王妃。”“寿王妃?”虽然玄宗从看到她时就喜欢上了她，但没想到这女子竟然是自己的儿媳，不免又惆怅起来。回到内寝，愁眉不展。随行的高力士看出皇上喜欢上了寿王妃，知道皇上的心事所在，上前劝解道：“皇上不必担心，臣有办法让寿王妃进宫侍寝。”

“什么办法?”

“皇上可以以已故太后的名义，命寿王妃出家为太后祈福，一段时间以后再让她还俗，这样天下人也不会说什么的。”

“果然是好方法，你速速去办。”

高力士来到寿王府，宣读了皇上的旨意。这对寿王来说简直就是晴天霹雳，母亲刚去世不久，妻子又要出家。这是为什么？寿王想不明白，他哀求高力士能否让父皇网开一面。可此时的高力士却是铁石心肠：“寿王，让你的妻子为太后祈福是你的福气，你如果不识大体，你父皇会不高兴的！”皇命不可更改，倒是杨玉环显得镇定很多，她把寿王搂在怀中：“寿王，人生祸福难定，臣妾不能再服侍你了。臣妾走后，你要保重身体，好好生活。”开元二十八年，杨玉环毅然离开了寿王府，被送进后宫，做起了女道士。玄宗赐号：太真。

按说做道士本应到道观去做，可是唐玄宗却把杨太真接进了宫中，还在皇宫中特意给杨太真修建了道观，称为太真宫，他的良苦用心可见一斑。刚开始，为避人耳目，唐玄宗还按捺自己，让杨玉环做了几天的清闲女道士。可时间一长，看着这个美人儿就在身旁，唐玄宗再也按捺不住了，他要拥有她。于是，他带着杨太真来到了骊山温泉，借着修养的名义，日日笙歌、夜夜欢娱。刚开始，杨太真还很怀念和寿王在一起的日子，渐渐地，君王的宠爱让她把寿王抛在了脑后。她开始把心思用在怎么更好地迎合圣意、更好地获得皇上的欢心上，她清醒地知道：她已不是那个少不更事的寿王妃了，既然皇上喜欢她，那她就只好让皇上更喜欢她，她可不想长伴青灯、浪费自己的青春年华。更何况她俘获的是一个君主的心，她将成为全天下女性的首领，那该是怎样一种气魄！

两人回到宫中，杨太真还是住在道观里，玄宗则返回兴庆宫。这次回宫，两人多了几分默契。白日里，杨玉环做她的女道士，晚上则夜夜侍寝。渐渐地，杨太真的地位日益明朗，她见玄宗时不再穿道服，而是穿普通嫔妃穿的衣服，宫女们也称呼她为“娘子”，两人过上了实际的夫妻生活。天宝四年，杨玉环做道士也已经四年多了，玄宗认为时机成熟，朝野都已经知道杨太真是他宠幸的人，决定把杨太真扶正，给她一个名号。目前只剩下一个障碍了:寿王还没有妃子，只有先给寿王选了妃子，册封杨太真才显得顺理成章。

之前也有给寿王说媒的，可寿王还沉浸在失去爱妻的伤痛之中，没有心情再娶，他心里还存有一丝侥幸：也许他的玉环哪一天就回来了。虽然也时时能听到从宫中传出来的消息：杨太真和皇上去温泉共浴、杨太真和皇上夜夜厮守……但他始终不愿意相信，他的妻子不可能背叛他投入别人的怀抱，何况那个人还是他的父亲，他父亲当年是那么爱他的母妃，怎么会夺他所爱呢，他不相信。玄宗也知道他这个儿子是个固执的人，以前没有时间多管，这次涉及到他自己册立新妃的事情，他不得不上心一点。他知道这寿王向来听咸宜公主的话，便把咸宜召进宫来，摆出一副慈父的面孔：“咸宜，你哥哥没有王妃已经四年了，朕看着很不忍心，现在有一个好姑娘，贤良淑德、出身名门，朕想把他赐给你

哥哥做王妃，你去和他说说。”这咸宜公主自从武惠妃去世就失去了玄宗的宠爱，今天又被父亲叫到身旁，自是感到激动莫名，一口应承下了这个差事。她来到寿王府，把事情告诉了哥哥：“哥哥，父皇想把韦氏册封为寿王妃。这韦氏是名门之后，她的上祖父是韦巨源，也就是武皇后时期的宰相。你如果娶了这韦氏，对你将来的发展会有帮助的，你可不要再推辞了。”

“我谁也不娶！”

“哥哥好糊涂，寿王妃不会再回来了。听说父皇要立她为妃，你怎么能和父皇抢女人呢！父皇喜欢上她，你就再也没有机会了。如果你还对她念念不忘，只会招致父皇的反感，那你不但等不回寿王妃，连自己的命都会搭进去的。

寿王听了妹妹的话，知道大势已去，就勉强答应下了这门亲事。

韦氏正式被册封为妃，接着玄宗要考虑册封自己的美人儿了。“给她一个什么封号好呢？想封她为皇后，可是朕已经几十年没有册封皇后了，这样一来难免惹人注意。毕竟玉环曾经做过寿王妃，朕还是低调一些，封她做贵妃吧！”想好了以后，玄宗兴致勃勃地把这个消息告诉了杨玉环：“朕要封你做贵妃，你高不高兴啊？”杨玉环虽然是以女道士的身份入宫的，可是前后在宫中也只住了四年多的时间，对于皇帝妃嫔的称号还是有一些了解的。“贵妃？贵妃不是仅次于皇后的吗？听说自从王皇后被废后，皇上再没有立过皇后，那我不就是这后宫中最大的官了吗？”杨玉环越想越高兴，娇滴滴地对玄宗说：“谢皇上！”

为避免惹人议论，贵妃册立的仪式并不盛大。虽然只是小型宴会，两人还是柔情蜜意、极尽欢娱。杨玉环一朝得志，自然也不会亏待了家人。玄宗追封杨玉环已经故去的父亲杨玄琰为太尉齐国公，封杨玉环叔父杨玄珪为光禄卿，堂兄杨铦为鸿胪卿、杨锜为侍御史。就连她的三个姐姐也分别被封为夫人：大姐被封为韩国夫人、二姐被封为秦国夫人、三姐被封为虢国夫人。

正所谓“一人得道，鸡犬升天”，杨家的势力自此兴旺起来。三姐妹在京城中买房置地，凭借妹妹的受宠，在京城中越发不可一世起来。朝中有规定，入宫觐见必须要步行，不能携带兵器，但虢国夫人可以骑马入宫觐见，可见唐玄宗对杨家的恩宠。一次，虢国夫人从宫中回府，在路上碰到了建平公主的鸾驾，

她非但不避让，反而让公主给她让路。公主哪里受得了这个屈辱，在路上和她争执起来。这家丁也是胆大，平日仗着主子的势力颐指气使惯了，竟然扬起马鞭动起手来。马鞭不仅打到了对方家奴的身上，也打到建平公主的身上。驸马督尉独孤明下车搀扶公主的当儿，也挨了几鞭。看着建平公主的可怜模样，虢国夫人咀嚼着胜利，满意地离开了。建平公主哭着进宫见驾。玄宗见女儿满脸泪痕，忙问道："是谁这么大胆，连朕的女儿也敢伤？"

"父皇为女儿做主啊！"说着又抹起眼泪来。

建平公主把事情一五一十地说了。玄宗一听是虢国夫人做的，态度立即一百八十度转弯："一派胡言，虢国夫人向来为人贤淑，怎么敢阻拦公主的车驾，还伤人？一定是你们仗着自己是皇亲国戚，作威作福，还反咬一口，朕对你们实在是太失望了！"

建平听到父皇的话后，惊讶得一时说不出话来。"疼爱自己的父皇哪里去了？今非昔比，父皇真的是变了！"建平悻悻地退出皇宫，连驸马也因为这件事被革去了官职，朝野为之震动。大家自此更知道了杨氏一门的厉害，也看出了皇上对杨家的特殊恩宠，此后对他们不是敬而远之，就是曲意逢迎。

杨家一门虽然自此显赫，有一个人却被忘记了，他就是后来历史上赫赫有名的杨国忠。杨国忠本名杨钊，国忠是后来的名字。他是杨玉环的从祖兄，自小就是个混混，整日里没有什么正经事做，混吃混喝、喝酒赌钱。一次，在老家和人赌钱，结果输了太多还不起，就偷偷跑出来投奔蜀州的叔父杨玄琰。刚来到叔父家他还比较克制，装成是一个知书达理的人。时间一长，又去喝酒、耍钱。有时赢点小钱，还给妹妹们买点小礼物哄她们开心。可赌钱是十赌九输，渐渐地他又欠下了一大笔赌债，债主竟跑到杨玄琰家来要。杨玄琰官虽然不大，可也是书香门第，家里哪里发生过这样的丑事，赶快替他还了赌债，撵走了他。这杨钊在亲戚中早已经臭名昭著，寻思着自己也没有什么地方去投靠了，不如去参军吧，也许能混个一官半职的，所以去参了军。他长得魁梧，又有力气，打仗的时候表现勇敢，刚开始挺被看好。可时间一长，他就又犯了老毛病，到处敲诈、欺软怕硬、喝酒闹事，因此被赶出军

营。杨钊本以为自己这一生也就这样了，要靠为人打架、看家度日。后来，听说自己的堂妹竟然已经贵为贵妃，他知道自己又有机会了。和这杨玉环虽然不是特别熟悉，但当年在杨玄琰府上，他和那杨家的三妹却是玩得很好，想那远房的三妹还是会帮忙的。下定决心以后，他一个人来到了长安，先是找到虢国夫人的住处。虢国夫人倒也很热情。杨钊大包小包地把从蜀地带来的特产送给虢国夫人，再加上他的甜言蜜语，虢国夫人答应为他引见。

杨玉环对杨钊的印象不深，不过三姐极力让她见见，她也不好推辞。杨钊见了自己的堂妹又用上了那套甜言蜜语的功夫，加上带来的蜀地特产又让杨玉环想起了自己的童年时代，一阵感伤过后，求了唐玄宗给了他一个金吾兵曹参军的差事。杨钊当然不会满足于一个小小的金吾兵曹参军，他借助虢国夫人的力量，头上又顶了一个国舅的头衔，开始混迹于达官显贵之间。这杨钊在家乡虽然不务正业，但到了京城，看到自己有了如此机会，便渐渐收敛起来，一心在仕途上钻营，官也渐渐做大了，很快从金吾兵曹参军升入了户部，做起了户部的度支判官。接着他又升为监察御史、检校度支员外郎兼任御史等职。来京城不到一年的时间里，杨钊的官升了又升。他对官场上的事情也渐渐摸清了道路。他知道自己如果想有更大的发展，必须得找一颗大树来靠了。虽然自己的堂妹是皇上的宠妃，但朝中自有朝中的势力，现在朝中明显地分为两派：宰相李林甫一派和太子李亨一派。

当年，李林甫挖空心思讨好武惠妃，想把寿王扶为太子。可是武惠妃走得太早，树倒猢狲散，寿王没有了靠山，还是没能当成太子，连自己的妻子也被皇上霸占了。寿王没有了利用价值，李林甫自然弃他而去，开始认真钻营自己的权势。新立的太子李亨也想快些培植自己的势力，但他刚刚被立，羽翼还不丰满，不能明目张胆地与李林甫抗衡。所以只能维持表面的和谐，背地里做些动作。他一面笼络朝臣，一面对边疆带兵的将领示好，韦坚和皇甫惟明就是其中重要的两位。韦坚是他的小舅子，因为开凿广运潭成功，受到皇上的重用。皇甫惟明曾经做过太子的幕僚，现在是河西、陇右节度使，手握重兵。太子本以为内有功臣帮助、外有将臣辅佐，李林甫应该不敢对他轻举妄动。可他低估

了李林甫的实力，他的一举一动都在李林甫的视线中，李林甫正在寻找机会将他们一举歼灭。

正赶上皇甫惟明与吐蕃打仗，大败吐蕃，来京城报捷。太子想利用这个机会和他商量一下以后的路该怎么走。可是太子私会边疆重臣很容易落人口实，被人说成图谋不轨。所以太子李亨、皇甫惟明、韦坚三人在夜里找了一个道观，换了便服相见。几人对李林甫的专政都很不满，先是发了一顿牢骚。然后皇甫惟明问道："太子以后有什么打算？"

李亨说："我想找机会扳倒李林甫那个奸臣，但现在时机还没到，我的想法是我们再忍忍。"

皇甫惟明说："不如我们发兵杀了那个狗贼。"

韦坚阻止道："万万不可，小不忍则乱大谋。皇上百年以后就是太子登基，我们没有必要自讨祸事。我们只要小心防范，自然会找到机会扳倒那个奸臣的。"

几个人商量完毕，满意而归，自以为神不知、鬼不觉。可李林甫的爪牙一路跟踪他们，对他们的见面、谈话了如指掌。李林甫觉得自己扳倒太子的机会到了，开始在京城散布消息："太子私自和皇甫惟明见面。皇甫惟明要以两镇官兵为后盾，协助太子谋反。"接着已经被买通了的御史上表弹劾太子等人，说他们意图不轨。玄宗看着奏章，不知道是真是假，不过已近暮年的唐玄宗对权力非常痴迷，宁可信其有，不可信其无！他立即命令京兆府法曹吉温审理此案。

吉温也是李林甫的亲信之一，他的叔父曾经做过唐朝的宰相，可他并不像自己的叔父那样勤勉读书，而是终日游手好闲，想要通过别人的举荐来做官。后来经过太子文学薛嶷的推荐，曾经得到玄宗的召见。玄宗对他的评价为"是一不良人，朕不用也"。虽不被赏识，但吉温也不气馁，开始寻找新的路子。他知道高力士跟随玄宗多年，深得玄宗的信任，便花重资买通了高力士，让他在皇上面前多替他说好话。玄宗虽然对吉温印象不好，可也禁不住高力士天天在耳边说他的好话，渐渐地以为是自己看错了人，这吉温可能有些才能，便委了他一个法曹的

差事。吉温看高力士这条路走通了，又开始巴结李林甫，正赶上李林甫要打击左相李适之，他勇做先头兵，为李林甫立下了汗马功劳，被李林甫收在了门下。

此时的杨钊是推理侍御史，他也要参与此案的审理。很明显，这是两方势力的一次交锋，该站在哪一边他必须要认真考虑，如果站错了队，小则丢官，大则丢命。经过再三的思考，杨钊决定站在李林甫这一边。他觉得：自己的堂妹是皇上的宠妃，将来如果太子做了皇上，就会有新的宠妃，那他杨家的好日子可就到头了，不如投靠李林甫，如果能合伙废了这个太子，扶植一个有利于自己的太子，那将来即使自己的堂妹不受宠了，自己的权力还是保得住的。主意下定以后，他主动向李林甫示好，然后帮助吉温审理这个案件。韦坚、皇甫惟明知道谋反是个什么样的罪名，自己性命不保且不说，更会祸及族人，所以他们一口咬定三人见面是偶然的相遇，绝对没有事先约好。杨钊用威逼、利诱、酷刑都没起作用，玄宗知道了以后也很无奈，他知道太子和边疆重臣私会的事决不会是偶然的，可无凭无据也不好随意处置人。何况晚年的唐玄宗一心沉迷在享乐之中，身上的杀戮气少了很多，所以最后只是贬了两人的官了事，自己则又跑回到杨玉环为他勾织的温柔乡中。如此大的罪名，最后竟然只是以两个大臣贬官了事，李林甫实在是有点气不过，不过他毕竟借此机会消除了太子身边的重臣，也没吃亏。

朝廷上的你争我夺、风波暗涌丝毫没有影响到玄宗和杨玉环玩乐的雅兴。自打杨玉环被立为贵妃，唐玄宗终日与她厮守玩乐、亲亲热热，把朝中大小事务交由宰相李林甫负责。杨玉环爱吃荔枝，唐玄宗想尽办法满足她。于是唐玄宗派人从遥远的蜀州杨玉环的家乡把荔枝送过来，光驿马就累死了许多匹。长安的百姓不知道，还以为是有什么紧急的军情呢！杨玉环喜欢跳舞，每每有宫廷宴会都会亲自舞上一曲，唐玄宗还会亲自为她击鼓助兴。有时候是他们的二人世界，也有的时候，杨玉环把众妃嫔都叫来，让她们围坐成一圈，个个浓妆艳抹，而她杨玉环则永远是其中的主角。两人也常去骊山行宫重温旧情，好不快乐。有时杨玉环还亲自编制舞蹈，娱乐圣心。杨玉环编了新的舞蹈后，喜欢

找名人填词。当时贺知章、王维等人都是京城响当当的文人，贺知章知道皇上想搜罗文人，趁机向皇上推荐了诗仙李白。玄宗也听说过李白的名气，早就想见见了。现在有大诗人贺知章的举荐，便决定宣他进京见驾。

此时的李白并不在京城，而是在遥远的南陵乡下终日以游玩、喝酒、写诗吟诗为乐。几年前他也曾满怀着热忱来到京城，想要谋个一官半职报效国家。那次去并没有引起皇上的注意，倒是结交了贺知章等有名的文人，他们惺惺相惜，遂成了忘年交。贺知章看到李白的诗被深深地震撼了，虽然他已经80多岁了，却还没有见过写得如此潇洒飘逸的诗。从那时起，他就认定李白是一个人才，他坚信李白能有出人头地的一天。

李白接到玄宗的诏令后非常欣喜，收拾停当后立即起程，日夜兼程来到了长安。他先是去拜访了老朋友贺知章等人，然后由贺知章陪着进宫见驾。玄宗和杨玉环见他果然气宇轩昂、气度不凡，让他即兴作诗也是才思横溢、信手拈来。玄宗一高兴，给了他一个供奉翰林的差事。供奉翰林是虚职，负责起草诏命，实际上并没有什么权力。可是一进京就能有此成就，李白也很知足了。皇上不召见他的时候，他终日饮酒作诗，广结朋友。京城中有很多人听说过李白的名声，也都来和他切磋诗才，把酒论诗。这天，他又到外面喝酒，喝得醉醺醺的时候，忽然玄宗命他进宫陪驾。他这个样子怎么见驾，可皇上的命令又是断然不能违抗的。情急之下，左右的人只好用凉水把他泼醒，由小太监搀扶着进了宫。原来玄宗正在与杨贵妃喝酒作乐，突然想起了李白。杨玉环提议：何不让李翰林进宫作诗助兴呢！所以玄宗就把已经醉酒的李白叫入宫中。李白摇摇晃晃地就了座，正赶上杨贵妃亲自上场献舞。这杨玉环虽然体态丰腴了些，但跳起舞来却是别有一番风韵。玄宗早已经看得意乱情迷，李白也欣赏得如痴如醉，信手写下了《清平调》三首：

其一

云想衣裳花想容，春风拂槛露华浓。
若非群玉山头见，会向瑶台月下逢。

其二

一枝红艳露凝香，云雨巫山枉断肠。
借问汉宫谁得似，可怜飞燕倚新妆。

其三

名花倾国两相欢，常得君王带笑看。

解释春风无限恨，沉香亭北倚阑干。

玄宗看完，拍手称妙。杨贵妃舞完一曲，盈盈地走了下来，也拿起《清平调》品看起来。一看诗中都是在夸赞自己，竟然还夸赞自己的美貌胜过汉朝美女赵飞燕。听说他来的时候还喝多了酒，在酒醉的情况下，用这么短的时间，竟然写出了如此美妙的诗句，果然名不虚传。从此杨玉环对李白更是另眼相看，有什么宴会都会把他叫上助兴。这李白本来就清高孤傲、不可一世，现在又得到了杨贵妃的喜欢，更加有些忘乎所以了。一次宫廷宴会，玄宗让他写诗，他酒喝得多了些，竟然借着酒劲说脚不舒服，写不出来。接着顺势让站在身旁的高力士替他把靴子脱掉。这高力士虽然是一个太监，可跟随玄宗多年，在朝中是极有势力的，连李林甫都要让他几分。今天李白竟然让他脱靴，那真是摸到老虎屁股了。可是在一旁的玄宗只觉得好玩，也不阻止。高力士已经年届花甲，竟然在众多朝臣面前为一个小小的翰林脱靴，感到十分的耻辱，可皇上在这里，他也不好发作，只能硬着头皮为李白脱去了靴子。李白舒服了，大笔一挥，又写下了壮美的诗篇。可高力士却自此与李白结了仇，一直想找机会报复他。

这天，杨贵妃闲着没事，又在看李白为赞美她而写的《清平调》。高力士眼睛一转，有了主意，上前说道："娘娘喜欢这首诗?"

贵妃回答道："正是，这李太白作诗想象高远、比喻恰当，很招人喜欢。"

高力士又说道："娘娘，老臣有些话，不知道当讲不当讲?"

贵妃忙问道："有什么事情就说吧，不要吞吞吐吐的。"

高力士假装小心地说道："老臣认为李太白语出讥讽，贬损娘娘。"

贵妃奇怪地问："这话怎么说呢？他诗中不是夸赞本宫美，就是夸赞皇上对本宫的喜欢啊！"

高力士回答道："他是别有用心。娘娘看，古代美女有很多，贤良淑德的更是不乏其人。可这李太白竟然把您比喻成汉宫赵飞燕。这赵飞燕是美人不假，可是她淫乱后宫，后来被贬作庶民，自杀而死。李白将您比喻成她，弦外之音

是什么呢？何况这赵飞燕纤瘦无比，相传可以在人的手掌中跳舞。可是娘娘您的美是丰腴圆润的美，李白说赵飞燕美，又把您的美和瘦弱的赵飞燕比，那他又想说明什么呢？所以臣认为他表面上是在赞美您，实际上是在贬损您啊！”

杨玉环本来对自己先嫁儿子，又嫁公公的事情就讳莫如深。现在听高力士一分析，更觉得李白是有意指桑骂槐，生气地说：“好大胆的李太白，竟然敢讥讽本宫，本宫一定要他好看！”自此，杨玉环对李白留下了坏印象。此时正赶上韦坚新近开凿广运潭成功，玄宗开心地带着杨玉环到潭上庆功。有了美人、美酒，玄宗却总觉得缺少了什么，原来没有李白在这里写诗助兴。玄宗对贵妃提议道：“爱妃，把那个李太白叫来助兴如何？”杨玉环假装不知道，说：“哪个李太白？”

“爱妃记性好差啊！就是为你写《清平调》的那个李太白啊！”

“哦，原来是他。不提他还好，提他本宫就生气。”

“这李太白难道什么时候惹到了你？”

“皇上，臣妾看这李太白并没有什么真才实学。听说他天天喝酒，看来是个酒色之徒。皇上那么信任他，他却不知道珍惜，前些天作的《清平调》竟然把臣妾比作淫乱无耻的赵飞燕。臣妾如果是赵飞燕，那皇上不就是昏君汉成帝了吗？可见他有多么狂妄自大。哪天如果他真做了什么大官，还不一定会做出多么离谱的事情呢！所以臣妾劝皇上离这个奸佞小人远一些比较好。”

“哦？竟有此事？”玄宗虽然知道李白的诗名，但是他更愿意相信自己的爱妃，从此疏远了李白。后来杨玉环又找了个机会让玄宗把李白贬出京城。可怜李白空有一身抱负，也只能黯然离开了长安。不过，话说回来，如果李白真的成了唐王朝的一个重臣，那么也许就没有那旷达飘逸的诗仙李白了，更不要说他给我国古代文化留下的那许多灵动的诗篇了！

三、争风吃醋贵妃出宫

唐玄宗对杨玉环宠爱有加，两人的日子和和美美、恩恩爱爱，却苦了后宫那三千妃嫔。想这三千妃嫔被选送入宫，都希望能得到皇上的宠幸。现在唐玄宗专宠一人，其余的人自然连皇上的边儿也碰不着了。平时没有被皇上宠幸过的人还好，最难挨的还是那些曾经被皇上宠幸过的妃子，她们也曾经是玄宗的枕边人，知道被一国之君宠幸的滋味。如今她们都被打入了冷宫，不免凄凉。在武惠妃死后，杨玉环入宫前的一段时间曾经得到过玄宗宠幸的梅妃就是其中一个。

梅妃原名江采苹，出生在福建莆田珍珠村一个书香门第家庭。父亲饱读诗书，对医理也有很深的研究。江采苹是家里的独生女，父亲把自己的希望都寄托在了这个女儿身上。虽然作为父亲他并不奢望自己的女儿将来能够大富大贵，但他希望女儿能继承自己的才学和品格、造福乡里。从小，他就很重视对女儿的培养。女儿也不辜负父亲的期望，6 岁就能吟诗，9 岁就能背诵成本的诗文。长大以后，不仅诗名远播，还出落得清新窈窕、楚楚动人。四方的人听说江家有这么一个奇女子，纷纷前来求婚。江采苹的父亲觉得女儿还小，想让她在自己身边再陪伴几年。

适逢武惠妃病故，唐玄宗抑郁不已，派高力士广寻天下美女，以娱圣心。高力士来到福建莆田，听说了江采苹的声名，前去造访。站在眼前的女子果然清新脱俗、与众不同。高力士暗自揣度："这女子虽然生活在乡野，却有宫中女子少有的脱俗气质，如果带回去一定会让皇上耳目一新的。"高力士把来意和江采苹的父亲说了，江父从来没想过自己的女儿能有如此造化：做皇上的妃子。当然，他也从来没想过让自己的女儿攀高枝，做凤凰。他是一个平凡的父亲，预想的是给女儿一个平凡女子应有的幸福。现在，宫中来的人竟然看中了她。

皇命难违，看来女儿一定要去了，这究竟是福还是祸，他不知道。他只能为自己的女儿祈福，保佑她入宫顺利。江采苹是个明事理、识大体的女子，父亲和她说这件事的时候，她丝毫没有反驳，并不是因为她贪图富贵，而是她明白君叫臣死，臣不得不死的道理，既然她被选妃的人看中，那就听天由命吧。第二天，她打点行装，辞别了父母，跟随高力士跋山涉水去往长安。

江采苹入宫后，凭借高力士的大力举荐和自己清新脱俗的气质很快赢得了唐玄宗的喜欢。她从小就喜欢梅花，喜欢观赏梅花、描摹梅花的各种情态，更喜欢以梅花为题材作诗。玄宗知道她喜欢梅花，命人在她住的地方都种上梅花，还赐给她梅妃的称号。梅妃虽然受宠，但为人宽仁、大度，从不恃宠而骄，待人接物平和、礼让。她喜欢过安静的日子，清心寡欲，玄宗觉得她与众不同，很是喜欢。后来，玄宗去骊山行宫小住，碰到了杨玉环。自从杨玉环入宫，唐玄宗把心思都花在了杨太真一个人身上，对梅妃也渐渐疏远了。杨玉环又常常在唐玄宗耳边说些梅妃的坏话，新欢自然胜于旧爱，梅妃又不擅长左右逢源，也不会对唐玄宗曲意逢迎，最后她竟然被放逐到上阳东宫居住，那里和冷宫也差不多了。

刚住进上阳东宫的时候，梅妃没有什么大的感觉。她反而乐得清静，自己没事儿的时候就吟诗、作画，自娱自乐。可时间一长，梅妃也耐不住寂寞了。虽然她素来喜欢安静，可这上阳东宫也太安静了些。除了她以外就是些上了年纪的老妈子、老宫女，她写完一首诗连个赏看的人都没有，碰到寂寞的时候也找不到人谈心。她毕竟不是静修的道姑，时间长了也挨不住寂寞，开始念起有皇上宠着的好。可这时皇上已经有了新宠，又哪里会想起她呢？

梅妃思念起以往与玄宗在一起的日子，“皇上是喜欢过我的，他不会这么快就忘了我，我得找一个人帮我和皇上说说。谁可以胜任呢？唉，以前怎么没想到结交几个皇上身边的人呢，现在需要时竟然一个也想不起来了。”梅妃正在焦灼的时候，突然想起一个人，那就是当年把她带进宫中

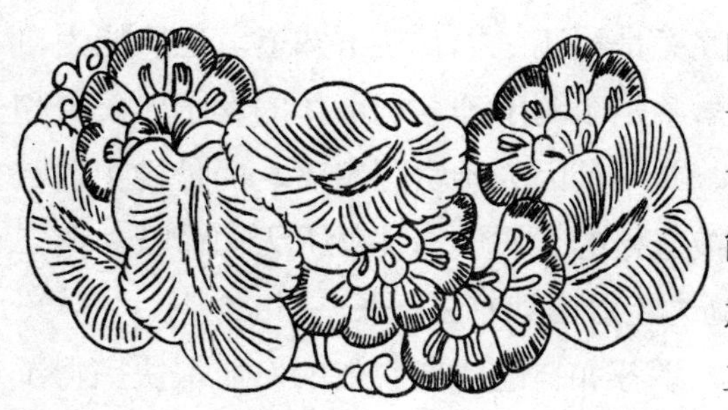

的高力士。“高力士是皇上的近臣，一定能说上话的。只是不知道他肯不肯帮这个忙。无论他愿不愿意，我只能求他了。”为了表示对高力士的诚意，梅妃决定亲自去找他、求他。第二天，梅妃特意梳洗了一番，来拜见高力士。高力士在宫中这么多年，自然知道梅妃为何事而来。可现在杨贵妃正得宠，谁敢得罪呢？还是避一避风头比较好啊！所以当家丁通报梅妃来的时候，他让家丁对梅妃说他不在家。梅妃一连去了几次都没见到高力士，她也理解高力士的难处，可在这深宫内院，除了高力士她真的是没有别的人可以求了，只好硬着头皮等候在高力士晚上回住处的路上。晚上的灯光不是很分明，高力士走到近前才认出是梅妃站在那里。躲已经来不及了，高力士只好拱手道：“给娘娘请安!”

“快快请起，快快请起!”梅妃搀扶起高力士，眼泪就簌簌地流了下来。她本来没打算哭的，可见到了这个老人后，她想起了以前的点点滴滴，泪水不由自主地流了下来。高力士看着泪眼朦胧的梅妃也动了恻隐之心，答应帮她试着在皇上面前说些好话。

这天，有个番邦的小国进献给唐玄宗一些珍珠，唐玄宗把玩着这些珍珠，为大唐的强大兴盛而欣喜不已。站在一旁的高力士看到皇上高兴，趁机小声对皇上说：“梅妃好像也是喜欢珍珠的!”一语点醒梦中人，看着眼前的珍珠，唐玄宗想起了那个爱梅的梅妃确实不喜欢金银，只喜欢珍珠，他命令高力士把这些珍珠赐给梅妃一些。梅妃自从求了高力士，在上阳东宫中日日等、夜夜盼，没想到只盼到几串珍珠，不禁又泪洒衷肠。提笔写道：

柳叶双眉久不描，
残妆和泪污红绡。
长门自是无梳洗，
何必珍珠慰寂寥。

高力士把这首诗拿给玄宗看，又对玄宗说：“臣送去珍珠时，梅妃高兴得不得了。还连连打听皇上的近况，问皇上身体可好？梅妃因为日夜思念圣上，终日以泪洗面，形容憔悴!”玄宗看着手中的诗，想起以前梅妃的好。她是那么

清雅、美丽，曾给他的生活注入了一缕清新的空气，而他竟然把她忘在脑后这么久。多年没有看见梅妃，不知道她怎么样了，是否还风采依旧呢？他立即吩咐高力士："你去通知梅妃，朕今晚要召幸她。不过你带她从小路走，千万别让贵妃知道。"高力士陪伴主子多年，察言观色的功夫是很了得的。他知道现在玄宗真正宠爱的是杨贵妃，召幸梅妃只是皇上想起了旧情，想重温一下旧梦。所以他奉旨带着梅妃顺着小路向皇上的寝宫走来。这边玄宗派人告诉杨贵妃自己今天有公务缠身，不能去陪她了。杨贵妃很诧异，皇上最近都很清闲，怎么今天就单单有这么多公务需要连夜审阅？诧异归诧异，她也没有多想，自己在宫中玩起来。

梅妃走在皇宫的小路上，月光照着她美丽的脸。她的心中五味杂陈，想当年她也是皇上宠爱的妃子，今天皇上召幸她竟然还要走小路，真是今非昔比啊！不知道自己此去能不能挽回皇上的心，但愿皇上能念及旧情。

进宫见了皇上，梅妃准备好的话都忘了。玄宗将她搂在怀中，梅妃就软了，眼泪又簌簌地流了出来。玄宗看着她，并没有因为她在这美妙的夜晚哭泣而责备她，反而增添了几分对她的内疚之情。眼前的梅妃还是那么美丽，虽然有些清癯，但这正是她独特所在。和体态丰腴的杨玉环在一起久了，偶然和这么一个纤瘦、苗条的女子在一起自然是别有一番情趣的。

两个人正开心的时候，有一个人可不开心了，她就是杨玉环。本来玄宗派来的人告诉她今晚不用给玄宗侍寝，她便在宫中自娱自乐。但和玄宗腻在一起习惯了，突然分开还有些不适应，她在宫中待了一会儿，就派人去皇上那里打探消息，想看看皇上在忙什么呢！这人不来还好，一来正瞧见梅妃被高力士带到了皇上的寝宫中，于是赶紧回去把这件事告诉了杨贵妃。杨贵妃一听，非常生气："说是有公务要忙，原来是找旧情人厮混，看我怎么收拾这个小狐狸精！"说着，她竟然要去搅皇上的美事。她身旁一个很亲近的宫女及时拉住了她："娘娘不要莽撞，现在皇上和那梅妃肯定正在一起，娘娘这个时候去会冲撞了皇上的。皇上毕竟是一国之君，极爱面子，在这个时候去闹，娘娘自己会受牵连的！不如明早

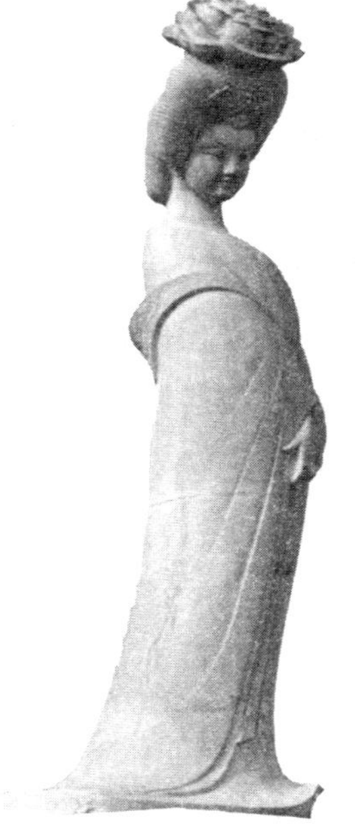

娘娘再去找皇上，皇上清醒过来，想起娘娘的好，一定会回到娘娘身边的，到时候何愁没有办法收拾那个梅妃啊！”杨玉环虽然心机不深，但事情的深浅她还是知道的。唐玄宗毕竟是一国之君，自己还是应该把握些分寸的。她听从了宫女的劝告，独自待在宫中，夜不能寐，辗转反侧，等待天明。

玄宗和梅妃久不相见，恋恋不舍，竟然睡到了日上三竿。杨玉环实在等不了了，草草洗了个脸，直奔玄宗的寝宫而来。高力士远远地看见贵妃来了，心想：“是谁走漏了风声，这可怎么办好呢？”连忙高声大喊：“贵妃娘娘驾到！”一连喊了好几声，表面上好像是尊重杨玉环，实际上他是想让唐玄宗听到了好有所防范。玄宗听到了高力士的喊声，赶紧让小太监把梅妃抱进夹幕中，然后自己转了个身，假装继续睡觉。杨贵妃闯进来的时候，他假装刚睡醒的样子说：“爱妃起得好早啊！这么早来不知所为何事啊？”杨玉环看看唐玄宗，又看看周围。她看到床上有两个枕头，床下有两双鞋，其中一双还是红色的。她知道皇上在骗她，鞋都没穿走，可见人应该还在宫中。于是假装平静地说：“皇上还不快些上朝？不知道的人又该说皇上因为臣妾耽误国事了！”

“朕昨晚批阅奏折太多，今早感觉身体不适，就不上朝了，爱妃也早些回宫休息吧！”

杨玉环越听越气，皇上竟然还在说谎：“皇上，床下的红鞋是哪里来的啊？”

“红鞋？”玄宗低头一看，梅妃的鞋确实赫然地摆在那里；心中暗自后悔自己的疏忽大意。“这，这红鞋想是哪天爱妃来的时候落下的吧？”

“皇上说谎，这鞋如此瘦小，绝不会是臣妾的！”

“放肆，朕的寝宫有没有红鞋与你有何相干？”

“怎么不相干？皇上是一国之君，皇上的事自然与我们做臣子的相干，皇上不好好治理国政，却与后宫女子厮混！”

“反了你了，朕的事情还轮不到你来评头论足！来人，把贵妃遣返本家！”

家里人看到贵妃被送了回来都很诧异，不知道发生了什么事情，贵妃自己倒泰然自若。杨钊听说了这个消息后立即跑到府上，他知道自己能有今天，多亏了这位堂妹。她的命运牵系着整个杨家一族的命运，必须要弄清楚事情的来

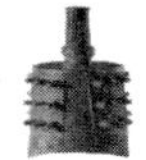

龙去脉，也好想出补救的方法。虢国夫人、韩国夫人、秦国夫人也相继赶了过来。可无论大家怎么问，贵妃都不肯说。她被玄宗宠惯了，不肯在娘家人面前露出自己的委屈。大家都埋怨她的不小心，轮流给她讲失宠的坏处、得宠的好处。她越听越难过，在自己难过的时候，大家竟然还只是想着他们的高官厚禄，却不为这个小妹想想。只有婶婶一人，从小待她像亲生女儿一样，现在站在她这边为她说话。她摸着婶婶的手，仿佛看到了自己的母亲，泪水涌了下来。在她断断续续的叙述中，家里人都知道发生了什么事。杨钊觉得这个堂妹真的很糊涂，哪个男人没有三妻四妾，哪个皇上没有三宫六院。她竟然因为皇上偶尔宠幸别的妃子而和皇上对着干，这实在是太幼稚、太冲动了。可这些话不能由他这个远房的堂哥说啊，他找来虢国夫人，把道理讲了一遍。虢国夫人也怕失去到手的荣华富贵，就把杨钊教她说的话转说给杨玉环听。刚回来的时候，杨玉环在气头上，什么也听不进去。现在她闹过了、哭过了，也理智了，知道三姐说得很对。可覆水难收，祸闯了她也没有办法弥补啊！

送走了杨贵妃，玄宗也气得够戗。自忖道："枉朕平日里对她那么好，竟然在一群小太监面前对朕大吼大叫，丝毫不留面子，真是辜负了朕的一片苦心。"还在气头上的玄宗本来想找梅妃再续旧情，以泄心中不满。没想到梅妃却被太监送回去了。他也没有心情再宣梅妃觐见，连早饭也没怎么吃。这一天，他总觉得心里空落落的，少了些什么。挨到了晚上，独守空房，便想起了贵妃的好来，后悔自己不该一时情急，把贵妃送了出去。可他毕竟是一国之君，总不能先低头认错的。高力士看着玄宗魂不守舍的样子，知道玄宗对杨玉环余情未了。皇上不好意思说，他这做奴才的自然要创造机会让皇上顺水推舟了。又到了吃晚饭的时候，玄宗对着满桌的佳肴，没有任何胃口。高力士趁机说道："皇上，贵妃出宫已经一天了。宫外的饮食比宫里可差得远啊！贵妃吃惯了宫内的美味佳肴，到了外面不知道习不习惯，会不会挨饿啊？皇上不如赐给娘娘一些饭吧。"玄宗一听，想到自己的爱妃可能正在外面受苦，自然动了爱怜之心，让高力士把饭菜给娘娘送去一些。

高力士来到了杨府，杨家人忐忑不安，不知道是福是祸。知道是皇上赐餐，才放下心来，杨钊又趁机给了高力士很多银子，求他替贵妃娘娘说些好话。高力士本来就是要想办法让皇上开心的，现在又有银子赚，他自然乐意效劳。见了贵妃，他先说皇上现在过得如何不好，如何憔悴，怎么思念贵妃；然后又说皇上如此思念贵妃，贵妃也应该有所表示啊！高力士明白：杨贵妃必须要先低头，皇上才能就着台阶接她回去。听高力士这么一说，杨玉环也知道自己的机会又来了。可应该怎么表示呢？正在踌躇的时候，她看到了自己肩旁的秀发。身体发肤，受之父母，何不把头发带给皇上，既不丢面子，也能表赤诚之心！于是她剪下了一缕青丝拿给高力士说："皇上待臣妾不薄，可臣妾竟不知珍惜。犯下大错，惹皇上生气。臣妾无以为报，愿把陪伴了臣妾三十年的头发献给皇上。以后就让它代替臣妾长伴皇上左右，臣妾当以死谢罪！"

高力士把杨贵妃的头发献给了玄宗，手里拿着爱妃的秀发，玄宗竟然老泪纵横，他离不开这个美人儿啊！高力士又说："皇上，贵妃娘娘就算做错了，也应该留在宫中由皇上处置，不应该让她流落民间，被人指指点点啊！"

玄宗立即吩咐高力士："明早接贵妃回宫！"这晚，玄宗和杨玉环都没睡好，辗转反侧、不能安眠。

同样失眠的还有梅妃。昨夜一宵欢乐，不知道皇上是否重新喜欢上了自己。听说杨玉环被遣送出宫了，今晚会不会召幸自己呢？可当第二天早晨，听说杨玉环又被接回来的消息时，梅妃知道自己这回失败了。后来她又仿照西汉司马相如为陈阿娇写的《长门赋》，自己写了一篇，希望能挽回玄宗的心。但这篇至诚之作最终石沉大海，没有任何回音。安史之乱时，这个颇有才情的梅妃也惨死在了反贼的乱刀之下。

且说杨玉环回宫后，本以为因为这件事会和皇上之间产生隔阂，所以想尽办法取悦玄宗。玄宗是真心喜欢她，也就不那么和她计较。小别胜新婚，几天工夫，两人便恩爱如初，甚至更胜从前了。

四、养虎为患祸起萧墙

玄宗只顾着在后宫和杨贵妃莺歌燕舞，卿卿我我，整个朝中大小事务都交给了李林甫处理。掌握重权的李林甫竭力排除异己、独断专行，一方面继续消除太子的羽翼，一方面提拔投靠自己的人。杨钊作为他的心腹爱将，在李林甫铲除异己的过程中出了不少力。短短几年间，杨钊的职位一升再升，竟也成为皇上面前的红人、炙手可热的人物。虢国夫人又劝告杨贵妃要多多提携这个堂兄。为什么呢？因为杨贵妃虽然受到唐玄宗百般宠爱，可是她本身出身低微，没有强有力的娘家做后盾，万一哪天皇上不喜欢她了，她去依靠谁呢？趁着现在自己有能力，培植一些自己的亲信总是有好处的。所以杨贵妃在玄宗面前也常说杨钊的好话，杨钊本来就很能钻营，加上李林甫的庇护、贵妃的提携，自然平步青云，顺风顺水。

官做大了，杨钊的心气儿也和从前不一样了。刚到长安那会儿，他四处求人，夹着尾巴做人。现在，他已经能和李林甫比肩了，自然不用再低三下四，反倒是别的朝臣有事没事常往他这儿跑。李林甫看到杨钊日益嚣张起来，感觉到了威胁，想找机会除掉他。杨钊也不是省油的灯，他看到皇上对自己越来越信任，也产生了封侯入相，代替李林甫的想法。两人你争我夺，互有失守。可杨钊是杨贵妃的堂兄，杨玉环随便吹些枕边风都能让他李林甫死无全尸。所以这场争夺自然是以杨钊胜利而告终。李林甫最终气得病死了，杨钊如愿以偿，取而代之，成为权倾朝野的新一代宰相。刚一上任，他就露出了自己凶残的本相。李林甫虽然已经死了，杨钊多方搜集证据，要彻底扳倒李林甫在朝中的势力。李林甫为相多年，坏事自然没少做。杨钊再添油加醋、横加杜撰，最后一纸奏折呈给唐玄宗。唐玄宗一看自己信任多年的宰相竟然恶贯满盈，不禁大怒，要重惩李家。李林甫的坟被挖了，儿女被流放，可怜他荣耀一生，却落得个如此下场。

杨钊的时代真的来了。晚年的唐玄宗更加不理国事，终日与杨贵妃在后宫厮混。为了便于自己安心玩乐，他将权力进一步下放，朝中事务如果不是十万火急的大事，杨钊都可自行决断。杨钊为表自己衷心，还谎称自己名字中的钊字由金、刀组成，不利于国家兴旺，请求皇上赐名。昏聩的唐玄宗觉得杨钊为了国家的长治久安连受之父母的名字都要改，真是一片赤诚，当即赐给他国忠的名字，让他永为大唐效力。而玄宗自己则更安心地与杨贵妃玩乐！

当初李林甫为了让自己做稳相位，也为了牵制太子的势力，曾经上表建议以夷制夷，任用少数民族将领管理边防地区。少数民族的将领常年驻守在边防地区，与朝中大臣接触不多，唐玄宗觉得这个办法可以避免朝臣和带兵的外臣勾结，引起祸端威胁他的江山，所以欣然接受。由此安禄山登上了历史的舞台。

安禄山是胡人，他母亲生下他后又嫁给胡将安延偃，他便冒姓安氏，改名为安禄山，后来他从军跟随张守珪。安禄山骁勇善战，很得张守珪的喜欢，很快被擢升为捉生将，后又升为张守珪的偏将。安禄山也不辜负张守珪的美意，但凡有战事发生，都身先士卒，常常取胜，张守珪高兴地收他为义子。后来在奉命攻打契丹的战争中，安禄山惨败，差点没被处死。张守珪为他向玄宗求情，他才躲过一劫。劫后余生的安禄山非但没有一败涂地，反而越走越顺。张守珪因谎报军情被贬的时候，他不但没有被牵连，反而因为作战勇猛而被升为平卢军兵马使。安禄山虽然外形憨傻，却是一个富有心机的人，他知道朝廷中李林甫当权，就在边疆搜集奇珍异宝讨好李林甫。趁着李林甫提倡以夷制夷的机会，他被李林甫举荐，又升为范阳、平卢两镇节度使。唐朝的节度使不仅掌有兵权，还协理地方的政事，相当于称霸一方的诸侯了！安禄山得此机会，表面上对李林甫感恩戴德、更加恭敬。

唐玄宗提拔了安禄山，自然要见见他是何许人也，宣他进宫见驾。安禄山来到长安，没有先见皇上，而是先来找李林甫，等待皇上的召见。第二天早朝，

皇上召见了他。没想到眼前的安禄山并不是他想象中的威武、雄壮，而是个大腹便便的人。不过早听李林甫说他是一个不可多得的领兵之才，于是随便问了他一些关于边防战事的问题。不想这安禄山却甜言蜜语，很会应承。对皇上的问话不仅不害怕，还思维敏捷，想法独到。玄宗对他的印象很好，看他傻乎乎的样子很放心。靠兵变掌握政权的玄宗对待手握重兵的人一直很提防，所以他才会亲自接见这个节度使，他要安抚安禄山、拉拢安禄山，好让他在边疆忠心耿耿地为他卖力。所以，安禄山在长安很受玄宗的重视，玄宗每有宴会，都会把他叫来作陪。

这天，皇上家宴，玄宗又把安禄山叫来。安禄山看到玄宗身旁还有一人，这人体态丰腴、华贵典雅，想必是皇上的宠妃杨贵妃了。安禄山灵机一动，先向着杨贵妃深鞠一躬道："娘娘吉祥！"玄宗奇怪地问："爱卿怎么不先拜朕，反而先拜朕的贵妃啊？"

"回圣上，臣是蛮夷之人，自小只知胡理。在胡地都是先拜母亲，后拜父亲，所以臣先拜娘娘。"

玄宗见状也并不生气，爱屋及乌，安禄山尊重杨贵妃反而很得他的喜欢呢！

杨贵妃早听玄宗提过有这么个胡将，忠心耿耿、骁勇善战，皇上想重点培养他。今天一看竟长得这么笨重，心里本没有什么好印象。听到安禄山对自己如此重视，才对他有些好感。

安禄山坐定后，宴会开始了。家宴中，杨玉环每每技痒都会亲自舞上一曲，对大臣也并不忌讳。今天她兴致很高，不等旁人邀请就徐徐来到舞场中央，即兴表演了《霓裳羽衣曲》。这《霓裳羽衣曲》是玄宗所作，结合众多乐工的心力，本就是灵动、悠扬，杨玉环又自小习舞、不断钻研，将这舞表现得恰到好处。安禄山一边欣赏着美丽的舞蹈，一边盘算着怎么讨好这位贵妃。"刚才太监宣我的时候，没说有贵妃作陪，害得我没有准备特别的惊喜给她。可初次见面，能给贵妃留下个好印象才好啊！看来这杨贵妃非常喜欢跳舞，那我就给她表演一段胡旋舞吧，幸亏在家没事儿

的时候常常跳着玩，否则今天就没什么能表现的了。”安禄山盘算完了，杨玉环也跳完一曲回到了座位上。安禄山起身走到杨贵妃面前说道：“今日看娘娘跳舞，臣受益匪浅，臣愿意舞上一曲献给娘娘。”

玄宗笑着问道：“爱卿还会跳舞？真是新鲜啊！”

安禄山答道：“臣受了贵妃娘娘的启发，想即兴表演一段胡旋舞。”

杨贵妃道：“好啊，那就舞上一曲吧！”

玄宗和杨玉环都是抱着看笑话的心理让安禄山跳舞的，安禄山却认真地走到了场中央，双手摆开，转起了圈圈。和着音乐的节拍，他的衣服飘了起来，也成了圈圈。虽然体胖，安禄山跳起舞来却有少数民族特有的风采，这可出乎杨贵妃的预料，拍手称赞起来。大家见贵妃喜欢，也都赞叹。安禄山知道自己的目的达到了，美滋滋地退下场来。自此，安禄山更是成为杨玉环的座上客。安禄山投其所好，到处搜罗名琴、名鼓、名曲送给杨玉环，哄得杨玉环还以为遇到了知音。

在京城待久了，安禄山自然知道杨玉环在玄宗心中具有无可替代的重要地位。他想：“如果我能和杨贵妃建立牢固的关系，那对我以后当官肯定能有好处的。”所以在一次宴会中，安禄山哭着对玄宗说：“皇上，贵妃娘娘那么贤良温婉，臣一看到娘娘就会想起自己的娘亲。臣乞求皇上能让娘娘收臣为义子。”本来这是件很荒唐的事情，安禄山比杨玉环还要大，怎么能认她做母亲呢！可玄宗和杨玉环都开心地答应了。为什么呢？因为这是符合三方利益的美事。对于安禄山的好处自然不必说；玄宗是想借此继续拉拢人心；而杨玉环也觉得认一个手握重兵的人做义子对她很有好处，所以一件原本荒唐的事情竟变得顺理成章。收安禄山做义子后，玄宗更加信任他，又让他兼任了河东节度使。

安禄山的官越做越大，管辖的范围越来越大，手里的权力越来越大，野心也越来越大。这几年，他常常出入京城，看到唐王朝不过是表面的繁荣，皇上流连声色犬马、大臣热衷争权夺利，却很少能看到一心为国的人。死了一个李林甫，又来了一个杨国忠。安禄山是胡人，正统观念本就不强。在长安目睹的

一切又使他觉得连这么昏庸的人都能做皇上，我为什么不能做呢？反心渐起的他，开始在朝廷中安插党羽，在家乡招募人马。同时，利用手中的权力开始征兵，并日夜训练。

李林甫死后，杨国忠做了宰相，认为安禄山对他有威胁，想找机会除掉他。后来派去的探子打听到安禄山有反心，他便向玄宗说明此事。玄宗哪里会相信，他认为自己对安禄山恩宠有加，安禄山怎么会造反呢！杨国忠说了几次，玄宗都无动于衷。

755 年，准备就绪的安禄山携旧部史思明以“诛国忠、清君侧”为口号发动叛乱，史称安史之乱。

五、马嵬身死长恨有情

唐王朝自李隆基登基以来，已经安享了四十多年的太平，安禄山的大军打了玄宗一个措手不及。安禄山早有预谋，军队训练有素，而唐军却疏于训练，

军纪懒散。官兵久不经战事，看到安禄山的大军，不是逃跑，就是投降。所以安禄山的军队没有得到什么顽强的抵抗就一路南下，先后攻克了洛阳等地,直逼潼关。

刚得知消息的唐玄宗又气又恨，心想："这安禄山真是不知道好歹，枉朕如此重用他！不过也不用担心，大唐兵多将广，平息这一小小的叛乱是很容易的事情。"所以他并没有很用心，继续与杨贵妃厮混。

当他夜夜笙歌的时候，前方却不断传来战败的消息。很快，叛军已经到达潼关了。潼关若破，则长安危矣！玄宗这才意识到事情的紧急，开始调兵遣将。可这些年他荒废朝政，匆忙之中只调来了一些虾兵蟹将。虽有高仙芝、封常清那样的名将，但都没逃过失败的命运。

756年，安禄山在洛阳自称为大燕皇帝，准备进攻长安。

大将哥舒翰临危受命，据守潼关。叛军锋芒正盛，哥舒翰打算死守，待叛军人困马乏之时给其致命一击。但哥舒翰是王忠嗣的旧部，杨国忠还是杨钊的时候，曾经为了讨好李林甫陷害王忠嗣。现在哥舒翰统领大军，杨国忠怕他立功后会对自己不利，所以才极力劝皇上让哥舒翰出战。此时的玄宗也希望用一个胜利来鼓舞士气，竟不顾众臣的反对，敦促哥舒翰出战。哥舒翰只好与敌人的精锐部队交锋，惨败被俘。

潼关失守，满朝文武聚在一起商量应对的办法。叛军势如破竹，朝臣建议玄宗撤离长安移驾别处。撤离？年迈的玄宗听到这两个字的时候五味杂陈，自己安享了一世太平，晚年颠沛流离不成？正在他痛苦、犹豫的时候，又传来战报：叛军已经渡过黄河，不日就将到达长安。形势如此紧迫，不容他再犹豫了。

他命令朝臣赶紧收拾东西，明早启程，移驾蜀州。

第二天，暮色还没散去的时候，玄宗带着杨贵妃、太子、朝臣匆忙离开了长安。陈玄礼的禁军龙武军打头阵，太子的车驾殿后。皇上出逃的消息很快就传开了，长安的百姓人人自危、纷纷出逃。路上到处是逃跑的行人，玄宗的车驾行进得很慢，太子的车驾渐渐被隔在了后面。

太子李亨在李林甫、杨国忠弄权的时候，保持了应有的沉默。他装作谦卑、恭顺，做事小心谨慎，力图不给他们留下什么把柄。安史之乱，皇上移驾，太子知道自己的机会来了，他必须把握住这次机会。蜀地是杨国忠的势力范围，一旦玄宗入蜀，他更会受制于杨国忠，那他这个太子什么时候才能有出头之日呢？不如趁这个机会除掉杨国忠和那个红颜祸水杨贵妃。安禄山的叛军打的是清君侧的口号，如果自己能把杨国忠这个“君侧”杀了，安禄山的谎言就会不攻自破，这也是有利于自己将来平定叛乱、登基大统的。那么，找谁来实施呢？现在皇上一行全靠陈玄礼的玄武军保驾，那么陈玄礼应该是最合适的人选了。听说陈玄礼向来不齿于杨国忠的所作所为，我如果以太子的身份和他商量，想必他会同意的。所以他悄悄派人和陈玄礼说明来意，陈说利弊。杨国忠当权以后，独断专行、肆意妄为，把国家搞得乌烟瘴气，陈玄礼对他早就心怀不满，更何况这次是和太子联合，所以陈玄礼决定联合太子“清君侧”！

这天，玄宗一行来到了马嵬驿。这里住处简陋，杨玉环哪里受过这样的苦，玄宗看着自己的爱妃，心中非常内疚。“自己一人酿下的苦果，竟要爱妃陪朕一起品尝。不过在这一路颠簸中，幸亏有她相伴，才使生活重又有了色彩。”当玄宗和杨贵妃在舍内顾影自怜、卿卿我我的时候，陈玄礼已经发动了兵变。

他先是煽动将士的情绪，借口杨国忠勾结番国、意图造反，杀了杨国忠父子。然后又带领将士冲到驿馆门前。高力士听到外面喊声震天，急忙出来观看，知道是杨国忠父子被杀。他毕竟跟随玄宗多年，什么阵势没经历过？所以他并没有苛责将士，而是立即抚慰：“众将

士为国除害，我当报告皇上为你们请赏，你们且先行散去吧！”高力士虽然临危不惧，镇定自若，以为能平息众怒。可是众将士并不后退，而是高喊：“杨国忠谋反，贵妃不宜伴君，请皇上割爱正法！”喊声一浪高过一浪，很快传到了玄宗和杨贵妃的耳中。

“什么，杨国忠谋反了？被杀了？他们还要朕杀了贵妃，这个万万不能！他们也太大胆了！”玄宗生气地对回来禀报的高力士说。然后把杨贵妃搂在怀中，安抚道：“爱妃不要害怕，朕会保护你的！”

“皇上，国忠怎么会谋反呢？皇上，事情是不是很严重？”

“爱妃不要担心，朕有办法解决！”

安抚了杨贵妃，玄宗亲自走了出来：“杨国忠谋反，各位爱卿诛杀有功。待到蜀州我会给各位爱卿论功行赏！”可大家还是不买他的账，“请皇上割爱正法！”“请皇上割爱正法！”将士们都没有散去的意思。

“贵妃久居深宫，不谙世事。杨国忠谋反，和贵妃没有关系，我看就赦免了她吧！”

“杨国忠是贵妃娘娘的堂兄，怎么能没有关系？如果没有贵妃娘娘，他杨国忠也不会如此嚣张！请皇上割爱正法！”人群中不知谁反驳了一句，众将士又跟着喊了起来：“请皇上割爱正法！”

玄宗见群情激奋，一时无法平息，决定先回舍内再做打算。对大家说：“众爱卿不必着急，朕自会给大家一个说法的！”说完，走回室内。

这只是权宜之计，究竟该怎么办呢？一时间，他也想不出好的办法。这一切高力士都看在了眼里，他知道这是兵变，不是儿戏，如果处置不当的话，连皇上也会命丧于此的。所以他走上前去，劝谏玄宗：“皇上，这是兵变啊！您应该早做定夺，否则臣怕日久生变啊！”

玄宗也知道兵变的厉害，他当年不也是靠着兵变辅佐他父亲李旦当上皇上的吗！可他真是舍不得杨玉环啊！这十多年来，杨玉环陪伴在他的左右，给他

的晚年增添了多少乐趣啊！如果杨玉环走了，那他活着还有什么意思呢？

高力士知道玄宗的难处，可这个时候杨玉环是不能保了。他比玄宗更了解目前的形势，知道不能存在丝毫的侥幸心理。他继续对玄宗说：“杨国忠谋反，贵妃娘娘是他的堂妹。将士们杀了杨国忠，如果皇上还让娘娘陪伴左右，将士们自然会担心娘娘将来报复！所以他们肯定不会放过娘娘，皇上还是早做打算，否则皇上也会深处危险之中的。”

听了高力士的话，玄宗知道这次他保护不了杨玉环了。外面“请皇上割爱正法”的声音还在响着，他颓然地站了起来，走到杨贵妃身旁，对她说道：“今天是形势所迫，玉环你要先走一步了，你在九泉之下千万不要怪朕啊！”说完，玄宗高喊道：“赐贵妃死！”接到命令的高力士将三尺白绫送到了杨贵妃手中。

手里拿着白绫，杨玉环泪流满面。她满噙着泪水又看了看玄宗，然后毅然自我了断了。玄宗看着杨玉环的眼睛，心中愧疚不已。那眼神是什么含意呢？是不舍？是留恋？是怨恨？还是其他的什么，他想不明白，他只知道：他的爱妃走了。

一代美女杨玉环就这样死了。带走了玄宗的牵挂，带来了世人的遐思。

今陕西兴平县有杨贵妃墓，占地三千平方米，墓侧有李商隐、白居易、林则徐等历代诗碑。临潼骊山北麓有华清池，其中尤以“贵妃池”更为著名。这些古迹因为与杨贵妃有密切关系而吸引了不少中外游客，成为著名的旅游胜地。

戏剧中杨贵妃的故事更多，尤以梅兰芳主演的京剧《贵妃醉酒》享誉海内外。

才貌双绝——萧观音

萧观音（1040-1075 年），小字观音。为道宗耶律洪基之妻，史称懿德皇后。为圣宗钦哀皇后弟枢密使萧惠之女。《辽史·后妃传》中称其："姿容冠绝，工诗，善谈论。自制歌词，尤善琵琶。"萧观音之所以被后人屡次提及，并不是因为她为一朝皇后，而因其是辽代最杰出和最有代表性的契丹族作家。她那时而豪放不羁，时而细腻委婉的笔触，被后人津津乐道，妇孺皆知。

一、貌似观音萧家女

萧观音（1040—1075年），小字观音。其名、字均无可考知，为道宗耶律洪基之妻，史称懿德皇后，为圣宗钦哀皇后弟枢密使萧惠之女。《辽史》后妃传中，称其："姿容冠绝，工诗，善谈论。自制歌词，尤善琵琶。"萧观音之所以被后人屡次提及，并不是因她为一朝皇后，而因其是辽代最杰出和最有代表性的契丹族作家。

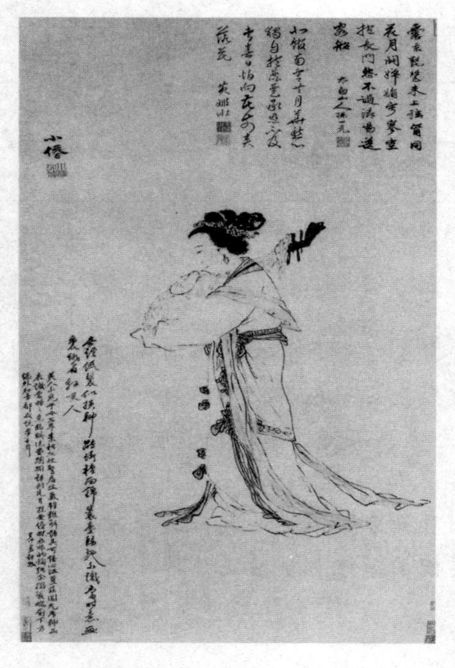

辽为契丹人所建，是宋时盘踞在北方的一个强大帝国。契丹是中国北方古老的少数民族之一，属鲜卑族的一支。据北魏文献记载，契丹族最初在潢水（今内蒙古西拉木伦河）流域活动，以游牧渔猎为生。唐初年，契丹族由分散的部落形成了部落联盟，经首领们共同商讨，推举出一个掌握了部落联盟大权的人，称为可汗。在鲜卑语中，"可汗"意为"神灵、上天"，这里借指最高统治者。天复二年（902年），出身迭剌部世里家族的耶律阿保机，通过征伐河东、代北、室韦和奚族等部逐渐掌握了政治大权。后梁开平元年（907年），阿保机被推举为可汗。据史书记载，贞明二年（916年）阿保机应百官之请，即皇帝位，尊号为大圣大明天皇帝，建国号契丹，建元神册，建都临潢（今内蒙古巴林左旗南），是为上京。926年，阿保机在征服渤海国会师途中去世，庙号太祖，史称辽太祖。其子耶律德光即位，即辽太宗。947年，德光在征服后晋后，入汴京（今河南开封）改国号为辽，改元大同。至此，辽作为北方一个少数民族政权的称号，被正式载入史册。它与宋、西夏共同谱写了916年至1125年间的中国历史。

由于居住在北半球温带地区，这里的冬季漫长寒冷，为了能够让牛羊吃到

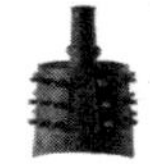

鲜美的青草，维持本民族人民的生活，辽统治者每年都会举行大规模的向南迁徙活动。这一举动侵犯了宋朝的疆域，为此两国展开了长达 25 年的战争。战争是残酷的，但同时也带来了两国科技文化等各方面的交流，更确切地说是辽的不断汉化。至辽道宗耶律洪基时期（1055—1101 年）汉化基本完成。辽的文学、科技、艺术各方面都不同程度地染上了中原文明的色彩。尤其在文学方面的创作，更是颇有宋人之风。萧观音则兼取了两家之长，她那时而豪放不羁，时而细腻委婉的笔触，更是被后人津津乐道，妇孺皆知。

萧氏一族自阿保机称帝时起，便世代与皇族耶律氏结为连理，也被称为后族。萧观音为太祖淳钦皇后弟阿古只六世孙，圣宗钦哀皇后侄，兴宗仁懿皇后与其为叔伯姊妹。萧观音的父亲萧惠，更是兴宗朝赫赫有名的宰相。君臣二人时常在一起商讨国事。在得知贤相妻子有喜之后，兴宗便乐滋滋地为这个未出世的孩儿定了终身。如果为女，则嫁给太子；为男，则子承父业。萧惠对皇上的谕旨更是不敢怠慢，连忙叩头谢恩。直到萧观音的出世，这一桩娃娃亲便这样定下了。

相传，萧观音的母亲耶律氏，在怀孕时总是做这样一个梦：她梦见自己在荒凉的野外，漫天黄沙，一眼望不到边。渐渐地，夕阳西下，黑夜驱走了最后一点光亮。突然，她感到体内有一股暖流在涌动，之后怀中便出现了好大一轮明月。它是那样的明亮，仿佛一切黑暗都不能抵挡住它那耀眼的光芒。明月徐徐上升，照耀着每一寸大地，如同白昼一般。正当她对这轮圆月赞叹不已时，一片突如其来的乌云，将它遮盖住了。随后月光转淡，慢慢地收起了她所有的光线，最终消逝在无尽的黑夜之中。萧惠听妻子总是谈及此梦，便也十分不安。一次偶然的机缘，他碰到了一位道士。道士听他讲完妻子所做之梦后，皱了皱眉说此梦不吉。明月出自体内，说明你儿必定为大贵之人；上升到万里空中，指他（她）日后必为人中龙凤；可命运不济，最终被乌云遮盖，预

示着他（她）要亡于非命。听了道士的讲解，吓得萧惠一身冷汗，慌忙回到家中。妻子见丈夫神情如此沉重，便问出了什么事。萧惠便将道士的话一五一十地讲给了妻子。耶律氏一听，便瘫坐到了地上。萧惠赶紧将妻子扶起，二人四目相对不知如何是好。

十月怀胎，终于等来了耶律氏临盆的消息。萧惠既高兴又担心。耶律氏望着自己刚出世的女儿那白嫩的肌肤、好奇的眼睛，她是那么的可爱。一想到道士的话，耶律氏不禁流下了眼泪。时间过得飞快，转眼一年过去了。这个小女娃也开始学会走路了，夫妻商量着为她取个名字。看她圆乎乎的脸蛋，细长的眉毛和透亮的双眸，萧惠决定叫她观音。一是觉得这个孩子长了一副观音相，再则是希望观世音菩萨能够保佑她一生平安。小观音就这样无忧无虑地成长着，耶律氏更是视她为掌中宝，亲自教她识字、读书。小观音识字能力很强，似乎在耶律氏肚子里的时候就开始了学习，所以无论什么字只要教她一遍，她便能记得很牢。在 1 岁半的时候，小观音就能够自己看书了。她总喜欢自己拿着书翻来翻去，咿咿呀呀地念个不停。在三四岁的时候便能读《诗经》《论语》了。萧惠见女儿如此好学，还特地为她请来了京城最有学识的老师进行辅导。小观音十分刻苦，每次先生教授新的文章时，她都能认真做好笔记。萧惠告诉女儿，学过的东西要及时进行温习，只有不断地背诵、思考，才能更好地理解文章的意境。小观音一直对父亲都很崇拜，因为听大人们说父亲是一个很有学问的人。因此父亲的话，小观音总是谨记在心。一次，萧惠夫妇带小观音去集市上玩，兴高采烈的她，一会儿摸摸这，一会儿看看那，似乎对什么都很好奇。萧惠给小观音买了冰糖葫芦，让她乖一些，就在他为妻子挑选发簪的时候，耶律氏突然发现小观音不见了。这可急坏了萧惠夫妇，她们找遍了这个集市，也没有找到小观音的身影。就在二人打算调集家丁来找的时候，一个仆人发现了小观音。原来小观音站在了弹琵琶卖艺的老人那里。萧惠松了一口气，走到小观音身旁，看着孩子痴痴的眼神，萧惠知道她是被这悠扬清脆的琵琶声吸引了。回到家后，

便派人到最好的琵琶店，买来了上好的琵琶，让小观音学。小观音抱着琵琶，笑开了花，说自己一定不会辜负父亲的希望。就这样，学琵琶和四书五经，成了小观音每天的必修课。她很快乐地过着每一天。

就这样，到了1050年，此时的萧惠已经66岁了，而小观音也长成了11岁的大姑娘。这年冬天，萧惠按照习俗为自己举办了盛大的寿宴。那一天，萧府上下张灯结彩，无论走到哪里都可以看到偌大的寿字，细心的耶律氏更是特地请来了京城最好的乐师和杂耍艺人，来为宴会增添气氛。经过一番精心的布置之后，这个家看起来喜气洋洋的。萧观音也盼望着这一天的到来，为了父亲的寿宴，她准备了一个多月。这段日子她每天勤练琵琶，就是希望能在寿宴上为父亲弹奏一曲，当做贺礼。所以这一天，她早早就起床了，开始梳洗打扮，还穿上了父亲为自己新买的衣服。一切准备好了之后，便在屋里等着宴会的开始。听着外面越来越热闹，反倒让喜欢清净的萧观音有些不适应。傍晚，宴会开始，首先是朗诵由皇上亲拟的贺词，兴宗那亲切、祝福的话语感动得萧惠老泪纵横，萧惠连忙拜谢皇恩。接着便是大臣们鱼贯似的祝寿。最后，方轮到儿女的献礼。待几个哥哥献上为父亲准备的礼物后，身为小女儿的萧观音才抱着琵琶从内室走了出来。几句简短但很有诗韵的祝福后，她便为父亲献上了自己精心准备的礼物——一首琵琶曲。那声声清脆如珠落玉盘的弹拨，加上琵琶独有的音质，使在场的每一个人都为萧观音的孝心所深深打动。萧惠望着自己心爱的女儿——她是那么的美丽、乖巧，就像是上天赐给自己的礼物，精致而珍贵。想到这，他不禁哽咽了。一曲终了，萧惠带头为女儿精湛的技艺鼓掌，接着，宴会厅便响起了雷鸣般的掌声，这倒让萧观音有些不好意思，拜谢过父亲后便匆匆回到了内室。一场寿宴就这样在热闹中结束了。日子又回复到了以往的平静。

因为父亲的关系，萧观音总能接触到汉人，在听他们讲述中原文化和诗词歌赋时，萧观音便对此有了兴趣。虽然父亲不主张她过多涉猎汉文，但她自己喜欢，父亲也就没有再干涉。她不

仅读唐诗宋词，还喜欢中原的山水画和音律。对每一首诗、每一幅画、每一篇音律，她都细细品味、反复推敲。经过了两年的体会和学习，萧观音的文学底蕴得到了很大提高。她的诗画更是文人争相议论的对象，于是萧观音这个名字在京城逐渐被传开了。就连宫中的侍卫、宫女们也都竞相传诵：萧宰相的女儿是个才貌双全的姑娘。

此时，21 岁的皇太子耶律洪基快到选妃的年龄了。仁懿皇后最近正在为这件事情奔波忙碌。偶然间听到宫女们闲聊时的对话，让她茅塞顿开。原来，自己的弟弟生养了如此一位绝代佳人。于是，细心的仁懿皇后就以进宫探亲之由，邀请萧惠一家进宫。打算看看自己从未谋面的外甥女。

第一次来到皇宫的萧观音，紧紧地跟在母亲的身后，头也不敢抬。心里一直想着一会儿见到皇后要说的话。走了约半个时辰，才来到了皇后的寝宫。此时萧观音仍低着头，由父亲领着，给皇后行了礼。直到听皇后亲切地叫自己的名字，让自己到她身边去的时候，萧观音才敢把头抬了起来，碎步走到皇后面前。仁懿皇后上下打量着这个美人胚子，让她坐到自己的身边，笑着问多大了。萧观音小声应答说："小女今年 11 岁。"仁懿皇后心想，这正是自己要找的太子妃。还没等她开口，耶律洪基满头大汗地跑了进来。站在一旁的萧惠夫妇连忙给太子行礼。可耶律洪基并没有注意到萧宰相的存在，两眼直愣愣地盯着萧观音。萧观音也被这突然闯进来的人，吓了一跳。看见父母为他行礼，便也照着做了。耶律洪基三步变两步，来到了萧观音面前，将她轻轻扶起。洪基仔细看着眼前的美人儿，细细弯弯的眉毛下，长着一双杏仁似的眼睛，挺挺的鼻子下，是一个粉红色的小嘴。圆润嫩白的脸上，泛起了阵阵红晕。在一旁观察的仁懿皇后，看萧观音害羞地低下了头，便赶紧拉回太子。笑着训斥道："怎可拉着人家不放！"

在赐宴上，耶律洪基更是不时用眼睛瞄着萧观音，生怕她一下子就不见了。在席间闲聊中，萧观音以她那儒雅的谈吐和贤淑的举止，深得仁懿皇后喜爱。同样推崇儒学、喜欢诗文的耶律洪基，听到她师从汉儒的时候，兴奋地从座位

上站了起来，立即与她攀谈了起来。原本有些拘谨的萧观音，在与太子的对话中渐渐放松了起来。宴会结束的时候，两个人便成为了知己。洪基舍不得萧观音的离开，但无可奈何地对她说了再见。

此后的几天，洪基总是一个人坐在屋子里发呆，有时还莫名其妙地傻笑。甚至在先生教书的时候，也总是心不在焉地望着窗外。见太子近日精神恍惚，体贴的仁懿皇后问他是不是病了，太子摇了摇头，默默地回到了自己的寝宫。一日，母子二人闲聊时，提到了萧惠那个美丽又有修养的小女儿，刚刚还沉默寡言的太子，一下子来了精神，对她的才学大加赞赏。这时，仁懿皇后才明白，原来太子已经被萧观音深深吸引了。知道了儿子的心意后，仁懿皇后便经常邀请萧观音来宫中做客，而洪基更是借着与她一同鉴赏诗词的机会，拖延见面的时间。

而身在萧府的耶律氏却十分担心女儿的状况，因为那个道士的话无时无刻不在她耳边回响，但看女儿每次去见皇后和太子都很开心，自己也不能阻止。耶律氏感觉到前所未有的无助。她知道，皇后看中了自己的女儿，想让她作太子妃。可为了让女儿免遭无妄之灾，耶律氏便与萧惠商量，将女儿送去寺院待上一段时间，等到太子妃另有人选的时候，再将女儿接回来。于是，萧惠以让女儿参佛为由，将她送到了山里的寺庙。虽然不知道父亲为什么要将自己送到庙里，但身为女儿的萧观音还是依从父母之命，来到了离京城不远的寺院。这里依山傍水、风景秀丽，是个休养身心的好地方，每天念佛诵经的生活能让她更加淡定。虽然刚开始不太习惯，可时间久了便也不自觉地喜欢上了这里。另一方面，太子在得知萧观音到寺院参佛的消息后，大怒，冲动地说要让父皇惩治萧惠。但仁懿皇后阻止了儿子这个幼稚的想法。她劝告儿子，不能整日沉湎于儿女私情，应以国事为重，要多学一些理政的方法，多结交一些朝中的忠臣志士。并承诺只要他成为了一名贤德的储君，她便会亲自出面，促成这段姻缘。听了母亲的一席话后，洪基当即拍着胸脯说自己一定会用心学习，成为一个好储君，不让母后失

望。果然，在此后的两年里，洪基勤于政务，成了兴宗最得力的助手，而且还在兴宗南伐的时候，代替父亲处理国政。仁懿皇后见儿子一天比一天成熟、稳重，内心十分宽慰。但见他终日陷于相思之中，又觉得有些不近人情。于是她找了个机会，将太子的心事，告诉了兴宗。兴宗听后，立即许诺达成此事。第二日早朝后，兴宗留住了萧惠，命他将女儿从寺院接回来，准备入宫做太子妃。萧惠无法反驳，只好应声称是。

两年寺院的生活，就像这里的山泉水一样清淡而绵长。每日的参佛，更使她看透了许多世间的困惑，她变得更加理智和豁达了。父亲的书信，让她尽早地结束了诵经的生活，回到了阔别已久的家。耶律氏更是早早站在门外等候，希望能尽快看到那个自己无数次梦到的甜美笑容。母女相见，泪洒庭院。一番短暂的叙旧之后，耶律氏将皇上的谕旨告诉了女儿。虽然耶律氏有诸多留恋，但还是忙里忙外地帮女儿准备出嫁事宜。表面上欢喜的父母，却常常在晚上抹泪，似乎女儿的命运不是他们所能改变的，她终究还要成为人中凤。经过了几个月的繁琐准备，在1053年，萧观音被太子耶律洪基纳为妃。

二、德才兼备辽国后

就在萧观音入宫的第三年，重熙二十四年（1055年），兴宗驾崩。在洪基还没能从悲伤中解脱的时候，便被安排举办了登基大典。那一天，洪基被早早地唤起，宫女们站成一排井然有序地为他沐浴更衣、梳洗打扮。当天蒙蒙亮的时候，才完成了最后一项程序——着国服衮冕。洪基头戴衮冠，身着络缝红袍，饰犀玉带错，脚踏络缝靴。穿戴好之后，便随着大臣们去往大殿。登基仪式上，洪基面容平和，稳重却不失威严。在念过兴宗的遗诏后，洪基被正式册封为大辽国第八代君王。庙号道宗，改元清宁。接下来便是接受百官的朝贺及外国使臣的朝拜。就这样，在庄严的仪式过后，洪基成了道宗，仁懿皇后被尊为皇太后，萧观音被册封为懿德皇后。

刚刚入主后宫的萧观音一时间还不能适应皇后的身份和生活。相传，正当她坐在寝宫双眉紧锁，想要如何安排后宫嫔妃之时，一块白色的手帕随风轻轻地飘到了萧观音面前。萧观音仔细端详着这块手帕，做工和式样都很普通，不像是宫廷之物，在手帕的一角，还浅浅地绣着“三十六”的字样。萧观音百思不得其解，随口问身旁的宫女是否认得这块手帕。宫女看了看手帕，连忙跪下为萧观音道喜。萧观音更是糊涂，忙问为何道喜。宫女解释说：“这‘三十六’，不正是指您贵为皇后，率领三十六宫吗?”萧观音听后，虽然嘴上责怪宫女胡说，但紧锁的双眉悄然舒展，透露了她心中的欢喜。

贵为皇后的萧观音，仍同往日一样，照顾丈夫的起居和关心太后的健康。仿佛这称谓和地位的变化从来没有发生过。随着年龄的增长，太后的身体大不如前。虽然每天都有御医来为她把脉诊治，却仍不见起色。一次，太后偶感风寒，高烧不下。萧观音担心太后的病情，整日陪在太后身边，为她擦汗喝药。为了让太后身体早日康复，她还亲自到上京最大的寺院求佛祖保佑。这样几天下来，太后的病终于有了起色，萧观音这才放心地回到自己的寝

宫休息。醒来之后便想起了御医所说的话，原来太后之所以如此虚弱，是因为常年操劳所致。知心的她，了解太后的忧虑，此后便时常在太后面前，夸耀大辽的兴盛和道宗的治国能力，让太后不再为国事担心。为了让太后更好地恢复身体，萧观音便每天陪在她的身边，为她解闷，逗她开心。天气好的时候，她就搀扶着太后到后花园散步，二人一边说笑一边观景赏花。在萧观音的细心照料下，太后的脸色一天比一天红润，人也精神多了。道宗更是为妻子的孝心而感动不已。

身为皇后的萧观音不但关心长辈，更关注天下苍生。每天在道宗上早朝的这段时间，萧观音总会一个人到庙堂，跪在佛祖面前，虔诚地为大辽国的每一位百姓祈福。就算再心系百姓的统治者，也无法抵御天灾的降临。辽国地处北方，天气干燥少雨，所以早在辽太祖阿保机时起，就有了祈雨的瑟瑟礼。目的是祈求上天赐雨，解决干旱问题。可就在道宗刚刚登基的第二个春天，上京附近便遭遇了大旱的天气。一连几个月没有下过一滴雨，土地干涸开裂，地里刚种上的谷物也都因缺水而枯萎了。这种状况使得大多数农民抛弃土地，沦为以流浪乞讨为生的流民。虽然道宗早已诚恳地向天求雨，但旱情仍在逐步恶化，这让道宗十分着急，虽然想了很多补救的措施，但流民的数量却与日俱增。身为皇后的萧观音与道宗一样，因为此事而辗转难眠，无时无刻不在思考着解决的办法。当她得知有越来越多的饥民因吃不上饭而相继死去的时候，便再也不能安然呆在宫中了。她取来了自己的全部首饰，带着宫女，换上便装，出了宫门。萧观音用自己的首饰换来米后，便立即组织宫女在城门附近熬粥布施。看着饥民们满足的表情，萧观音笑了，那笑容是那样的满足灿烂。这时，一个衣衫褴褛的老人突然给她跪下，热泪盈眶地说她救了自己奄奄一息的孙女。萧观音连忙将老人搀起，含泪说这是自己的责任。老人像是听明白了什么，又看了看萧观音的脸，战栗着喊："皇后千岁！"便又跪到了地上。众人听到了老人的叫喊后，方明白此次的布施是皇后所为，便都与老人一样，跪下行礼，感激皇后的恩德。萧观音见状，连连说："平身，请大家平身！"更是主动地上前一步将老人扶起，见大家站起来后恳切的表情，萧观音斩钉截铁地说，自己一定会同皇上解决此次旱灾，让大家尽早结束这种食不果腹的生活！萧观音的一席话，

让在场的人们又重拾了对生活的信心和热情。为了表示对皇后的感谢，人们称她为观音皇后，从此观音皇后这个美誉便被广泛传开了。

之后的几场大雨，总算使干旱的土地又恢复了生机，流民们也都兴高采烈地回到了故乡，忙着新一轮的播种。萧观音望着这贵如油的春雨，心中的石头总算是落地了。一切又恢复了平静。时间飞逝，一转眼就到了秋捺钵的日子，道宗及北、南院的大臣们，便开始为这个传统的活动而准备了。捺钵是指皇帝每年离开京都，到自己喜欢的地方过一段行宫生活。《辽史·营卫志》记载："辽国尽有大漠，浸包长城之境，因宜为治。秋冬违寒，春夏避暑，随水草就畋鱼，岁以为常。四时各有行之所在，谓之'捺钵'。"一般情况下，春捺钵钓鱼，秋捺钵狩猎，夏冬捺钵则商议讨论部族事务。而此次秋捺钵，道宗盛情邀请皇后率嫔妃出行。一则是感谢皇后在大旱时所做的努力，二则也想让她到户外放松一下。经过了一天的车马劳顿之后，道宗一行人来到了永州西北五十里的伏虎林。这里水草旺盛，是麋鹿、山禽经常出没之地。《辽史》中记载，原来这里经常有猛虎出没，很多牧民都曾被其所伤。一次，景宗率领一队骑兵追逐麋鹿来到这里。见一只猛虎伏于草间，景宗拉开弯弓，瞄准虎头，一箭正中猛虎眉心，猛虎便呼啸着倒地身亡。为了纪念景宗的英勇，此地取名伏虎林。

道宗见天色已晚，便吩咐今天暂不狩猎，待明日养足精神后，再行狩猎活动。看着枕边的人儿，睡得如此香甜，道宗笑了，他好久没有看到萧观音熟睡的样子了。她总是为自己的事情奔波忙碌，尤其是遭遇旱情的那段日子，她更是几天几夜都没有合眼，想方设法帮助自己解决问题。她是该好好歇歇了。道宗这样想着。第二日早晨，道宗早早地起来穿好衣服，到营帐外面活动。不一会儿，便见萧观音拿着自己的披风追了出来，为自己披上。体贴的举动，像是清晨中的第一缕阳光，照得道宗十分温暖。他拉着萧观音的手，带她来到了马厩，教她识马、辨马、赏马，还亲自挑选了一匹温顺的纯种马，送给她作为礼物。早餐过后，夫妻二人骑上马，一同游览伏虎林。这是他们相识后的第一次外出，尽管是借着狩猎的名义，但二人仍十分珍惜此次的出行。山中

早晨特有的清新空气，淡蓝色的天空中飘浮着的几朵白云，再加上头顶上温暖的阳光，使萧观音感觉自己仿佛置身于世外桃源。她贪婪地欣赏着这山中的自然风光，不禁陶醉其中。二人一边骑着马，一边欢快地说笑。到了山下，他们跳下马，手牵着手一同向山顶处走去。到了半山腰，心细的道宗见萧观音额头上出现了点点汗迹，便主动要求歇一会儿，还为她打来了山泉水。25 岁的道宗，就像每一个年轻人一样心怀浪漫。在打水的途中，还偷偷地为萧观音采了一束鲜花，害羞地送给了她。此刻的萧观音被一种叫做幸福的感觉包围着。她笑得是那样的灿烂。听着山间叮叮咚咚的泉水声，她禁不住清歌一曲。那甜美的歌声，就像是天籁之音，久久在山谷中回荡。夫妻二人，一直到夕阳透过树林照耀大地的时候，才依依不舍地回到了驻地。直到第三日，狩猎活动才宣告进行。等待了一天的猎手，终于盼来了傍晚鹿群来河边饮水。早就埋伏在岸边的道宗，更是不能错过这狩猎的大好时机。他瞄准猎物，果断地射出了第一箭。接着离弦之箭，犹如雨点一般，落向了鹿群。凭借着一流的射箭技术，道宗一如往常，满载而归，不仅有鹿，还有十几只狍子和山鸡。道宗对这次顺利的捕猎活动十分满意，为此大摆酒席宴请群臣。宴会上，觥筹交错、歌舞竞技，好不热闹。酒过三巡，菜过五味之后，宴会也即将宣告结束。道宗为了纪念此次秋捺钵，便请端坐在身边的皇后即兴赋诗一首，作为今天的结束词。萧观音沉思片刻后，轻声诵：

威风万里压南邦，
东去能翻鸭绿江。
灵怪大千俱破胆，
那教猛虎不投降。

并为其取名为《伏虎林应制》。原本热闹的宴会，就在萧观音语毕后，变得鸦雀无声，一盏茶的时间后，宴会上发出了啧啧惊叹声。在场的人无不为皇后过人的胆识和气度所折服。道宗也被这首七言绝句所打动，对萧观音说：“皇后可谓女中才子！”在一片欢庆声中，宴会的气氛达到了顶峰。不久《伏虎林应制》便在民间广为传诵，百姓们都说，当今的皇后是个德才兼备的女子。

三、辅佐君王创中兴

（一）辅助皇帝平叛乱

秋捺钵回来之后，萧观音与道宗二人的感情更加深厚了。清宁四年（1058年），他们终于盼来了人生中的第一个孩子。望着这个鲜活的生命，萧观音高兴地流下了眼泪。一直在门外守候的道宗，在听到婴儿的第一声啼哭时，便激动地跑进内室，看望皇后和孩子。当他知道所生为男孩时，更是欢喜得不得了。看着怀中健康的皇子，道宗决定叫他耶律濬，"濬"为疏通水流之意。道宗希望他能够顺顺利利地长大。

第二天，为庆祝皇后生子，道宗在皇宫中举办了盛大的宴会。所有皇室成员和朝廷大臣都应邀参加。在众多前来送上诚挚祝福的人中，唯独一人显得有些格格不入。此人便是皇太叔耶律重元的妻子——萧妃。萧妃浓妆艳抹，举止轻佻，丝毫没有皇叔母的威严和庄重。在如此正式的场合，却穿着暴露。平日里内敛、朴素的萧观音见了她，觉得很不舒服。便将她召到身边，用略带责备的语气告诫她说："为贵家妇，何必如此！"嚣张跋扈惯了的萧妃，先是一愣，脸上露出不甘的表情，但碍于身份，便点头称是，随即甩袖而去。回到家后，将受到皇后训斥的事向丈夫耶律重元叙述了一遍，还说这个皇后没大没小，要是以后皇子登基，自己一家就更没地位了。萧妃的一席话，对于早有反叛之心的耶律重元来说，如同火上浇油。这下更使他下定决心要取代道宗，自立为王。

耶律重元，小字博齐希，圣宗次子。史书记载其："材勇绝人，眉目秀朗，寡言笑，人望而畏之。"因性格像其父圣宗，遂深得圣宗喜爱。圣宗曾一度要废掉太子耶律宗真（兴宗）让重元即位。但碍于嫡长子继承制，只得封耶律重元为

秦王。虽然没有从父皇那里继承皇位，但耶律重元做皇帝的想法却一直没有停止。兴宗重熙三年（1034 年），耶律重元与其母亲法天太后密谋篡位，可中途秘密泄露。耶律重元为了保住王位，不惜出卖了母亲，博取兴宗的信任。其后的几年里，耶律重元虽然表面上安分守己，一心为公，但背地里却网罗人才，为推翻兴宗做准备。兴宗本是个十分多疑的人，但见重元处处为国家着想，也就放松了警惕。一次兴宗酒醉后的话，让重元以为他的皇帝梦终于可以实现了。兴宗喝醉后糊里糊涂地答应重元要在自己百年之后，将皇位传予他。清醒的重元便将此话铭记在心。可当兴宗驾崩，道宗登基后，他才明白自己被兴宗欺骗了。恼羞成怒的他，立誓要推翻道宗，自立为帝。萧妃的事件，便成了叛乱的导火索。

清宁九年（1064 年），耶律重元父子趁道宗外出游猎之际，发动了叛乱。他们密谋在途中刺杀道宗，然后再回到京师即位称帝。可就在行刺之前计划败露，重元父子不得不一鼓作气，与道宗刀剑相接。就在前方展开殊死搏斗之时，叛乱的消息传到了宫中。萧观音大吃一惊，立即下令封锁消息，随后便紧急召本朝元老进宫商议对策。经过激烈的讨论，萧观音最终决定，将上京中留守的一部分军队，派去支援道宗，其余留守上京加强戒备，并宣布将耶律重元贬为平民，查封重元府。待命令下达后，各路人马迅速采取了行动。而萧观音则在宫中紧张地等待着前方的消息。探子每半个时辰便汇报一次战况。萧观音的心也就跟着忽上忽下。直到第二天傍晚，最后一个探子报告说战乱平息，皇上得胜归来。萧观音悬着的一颗心才算落地。道宗凯旋后做的第一件事，便是封赏萧观音。道宗明白，没有皇后在后方坐镇，自己不可能全身心地投入到这场你死我活的战斗中，还有那及时前来支援的军队，也为自己最后的胜利增添了筹码。这一切的一切都是皇后的功劳。因此，他不但大加赏赐，还在朝堂之上，邀请皇后辅政。谦虚的萧观音在谢过皇恩之后，回绝了道宗的提议，她表示自己宁愿做一个唐太宗长孙皇后式的贤后。道宗见皇后心意已定，便也没有多说，

但内心却充满着感激之情。

（二）举荐太子勘时弊

日子又恢复到了往常的平静。耶律濬也在母亲的呵护和细心照料下，渐渐长大了。他兼取了道宗和萧观音的优点，相貌极像道宗，硬朗俊俏；性格恰似母亲，谦虚内敛。最可贵的是，他集合了二人的文采，三四岁时就能写诗作赋，深得道宗的疼爱。道宗曾经夸奖他："此子聪慧，殆天授欤！"道宗清宁九年，耶律濬 6 岁时，被封为梁王。第二年，7 岁的耶律濬便随道宗外出狩猎。虽然只有 7 岁，但凭借着良好的体能和骑射技术，耶律濬仍收获了 9 只麋鹿。道宗大喜，对大臣们说"朕祖宗以来，骑射绝人，威震天下。是儿虽幼，不坠其风。"随后，便将自己最喜欢的弓，作为嘉奖送给了耶律濬。

咸雍元年（1065 年），年仅 8 岁的耶律濬被道宗册封为皇太子。从此，便开始接受了严格、规范的君主教育。每天早晨都有太傅来为小太子讲解《诗经》《论语》，教他怎样做一个贤德之人。中午休息时间过后，另一位太傅就会来到太子的书房，为他讲解历朝历代贤君的事迹，告诉他怎样做才称得上是一代明君。这样枯燥乏味的学习生活，对于一个刚满 8 岁的孩子来说是很难忍受的。刚开始还能坐在书房中，认真听太傅讲解，但时间一久便坐不住了。一日，他趁书房没人，便偷偷溜了出去，在外面玩了很久才回到寝宫。结果一进屋，便看见母亲严肃地看着自己。耶律濬知道自己犯了大忌，母亲平日里虽然很溺爱自己，但学习的时候却异常严厉。耶律濬连忙跪下请罪，萧观音没有答应，只是狠狠地看着他。见母亲没有说话，耶律濬也不敢抬头，就那样跪着。因为担心母亲的身体，耶律濬多次保证会自罚跪到天亮，恳请母亲回寝宫休息。可萧观音并没有答应，只是那样看着跪在地上的太子。整整一夜，母子二人就这样在沉默中度过。第二日早晨，萧观音才允许太子休息一会儿，准备上课。她自己则在宫女的搀扶下

回到了寝宫。原本就终日操劳而体力不支的萧观音，哪里经得住这样的彻夜不眠。回到寝宫后，便躺在床上起不来了。太子下课后，才得知母后因昨夜未眠而病倒了。孝顺的他慌忙地跑到了皇后的寝宫，看望病中的母亲。听宫女们讲，他才知道母后昨夜为何硬要陪自己到天亮。原来这是母后在自罚，她责怪自己没能教育好太子而自罚静坐到天亮。身为她的儿子，却不能体会她的用心良苦，耶律濬十分愧疚。在萧观音昏迷的那几天，耶律濬一直守候在她身旁，焦急地等待着她醒来。好几次他都是在自己的泪水中睡着的。一直到第三天，萧观音才缓缓地睁开了眼睛。看见趴在自己床边的太子，萧观音欣慰地笑了，伸出手摸了摸儿子的头，虽然他还没有长大，但她相信他将来一定会成为一位好皇帝。耶律濬醒来后，看见母后微笑地看着自己，顿时大声哭了起来，一边哭一边对她说，自己日后一定会好好跟太傅学习，不再让母亲失望。萧观音笑着点了点头。这件事以后，耶律濬一下子长大了，再没有因为学习让萧观音操过心。

时光荏苒，一转眼便来到太康元年（1075 年），耶律濬已经 18 岁了。这对于一个辽国储君来说已经到了摄政之龄了。这年夏天，道宗便宣旨让太子辅政。虽然理论上的东西耶律濬已经能够很熟练地掌握，但在碰到实际情况时，还是略显稚嫩。为此，萧观音建议道宗，让太子到民间私访一段时间了解民情，这样也许会对太子将来处理国事有帮助。道宗很快就同意了皇后的请求。怕久居深宫的太子一时间还无法适应民间的状况，便命令太傅与太子同去。就这样，耶律濬在乔装打扮一番后，跟着老师出宫了。

耶律睿来到宫外，看到形形色色的人，听到嘈杂的叫卖声。不远处有两个马贩子，因为相互说对方的马不是纯种马，而大吵大嚷。耶律濬觉得十分新奇。没想到外面的世界竟然如此多姿多彩。不一会儿便来到了市集，这里更是热闹，不但有玩的有吃的，而且样样是自己见所未见、闻所未闻之物。耶律濬与身旁的太傅一路走一路看，走了大半天也没有觉得累，只是到中午时，肚子咕噜咕噜叫，才知道要找家酒馆吃口饭。吃饭的时候，耶律濬听到周围的人们纷纷抱怨，说今年的赋税比往年还要高。耶律濬听后，心里想这是怎么一回事，据自

己所知父皇明明下旨，今年因夏季大涝而不同程度地减免了赋税。而且自己所处的上京是水灾最严重的地区之一，理应是赋税减免最多的地方，怎么可能反而增加呢？吃过饭后，耶律濬便请求太傅带自己到上京附近的县去看看。走了约一个时辰，二人来到了距离上京最近的县，虽然两者只有几百里之隔，但这里就像是另一个世界。没有了热闹的人群，也没有了商贩们的叫卖声。每个人都形色匆匆地走着。借着要碗水喝的机会，耶律濬与一位妇人攀谈了起来。原来国家规定每斗不过几钱的赋税，到了这里却变成了每斗十钱。如果不及时缴纳，则会被抓入大牢，酷刑相加。百姓们没有办法，只得向大户人家借钱，而这样做的代价往往是负债累累，最终沦为债主的奴隶。此后的几天，耶律濬同太傅又走访了几户人家，逐渐证实了此地县令擅自增加赋税，结果弄得百姓怨声载道，却又无计可施，只得任其宰割。看着百姓们破烂不堪的家，男丁们尽管整日整夜地在土地上干活，一家人却仍过着食不果腹的生活，耶律濬的心被震撼了。他立即将随身携带的钱分了一部分给乡亲们。太傅说，此举虽能解决他们的一时之需，但不是长远之计，应尽早将此县令治罪，以正官风。师徒二人经过了一番细致、缜密的调查，发现此县令原是个贪得无厌的小人。他将从百姓身上搜刮来的钱，全部用在了满足自己的私欲上。不仅呼朋引伴大摆宴席，还经常出入妓院之地。了解了他的全部罪行之后，耶律濬真想立即将其处斩。怎奈自己与太傅微服出巡不便暴露身份。只好在随身带着的本子上记下了此地县令的名字及滥用职权的证据，回京禀告父皇。

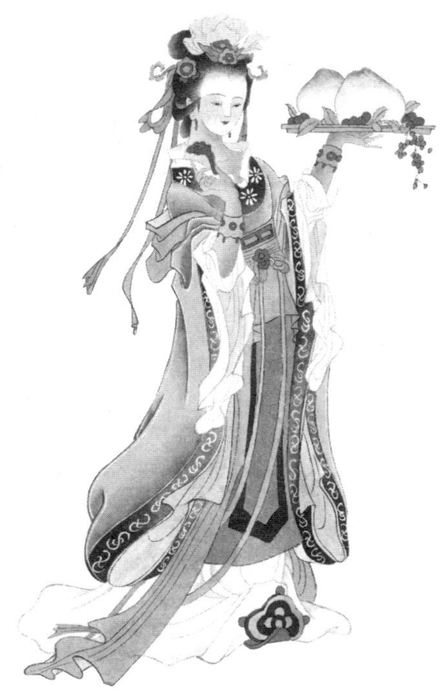

心中的气愤还没有完全散尽的时候，耶律濬又碰见了一件让他十分吃惊的事。这一天，耶律濬与太傅二人在客栈中，商议下一步该去何地时，来了一伙人。他们个个身着汉服，举止奢华，应该是极为富有之人。很快他们便成了客栈里的焦点。大家都在谈论他们究竟是何来历。本无心关注他们的耶律濬，偶然听见了他们的对话，使他开始留意起了这帮人的一举一动。那天夜里，耶律濬

起身去厕所，在回来的途中，听到这一伙人在谈话，而且耶律乙辛这个名字，被重复的次数很多。耶律濬想可能他们与乙辛有关，虽然早就听母后说乙辛是个奸臣，却也没想到他勾结汉人。想到这，耶律濬不禁吓出了一身冷汗。如果真是如自己所想，那么乙辛的举动很可能威胁到耶律氏的江山。一切计划都因这次偷听而改变。耶律濬与太傅两个人，决定继续留在客栈观察他们。在这伙人来的第三天，他们陆续领着自己的仆人出了客栈。虽然是刻意离开客栈，但对于留心他们的人来说，仍可看出有事发生。耶律濬怕太傅腿脚不便，便孤身一人前去跟踪，果然在客栈不远处的一个小巷里，这伙人凑在了一起，而且还多了一个箱子，他们命仆人抬着箱子，偷偷从一个侧门进去。耶律濬绕到前面一看，原来是耶律乙辛府。怕乙辛的家丁认出自己，耶律濬只好在暗处偷偷等待，直到深夜这伙人才出来，而且喝得酩酊大醉。回到客栈后，太傅正在屋里焦急地等着，见太子回来，才安心地问跟踪有何结果。耶律濬便将今天的所见告诉给了太傅。太傅也十分警觉，建议太子早日回京，将此事禀明皇上。可耶律濬说还要观察一阵，要掌握足够的证据才能引起父皇对乙辛的怀疑。可接下来的几天，这伙人并没有什么太大的举动，每天只是听听曲儿、喝喝酒，不久便带着仆人离开了客栈。没有进一步掌握乙辛勾结汉人的证据，耶律濬十分不甘，但碍于接到了母后催自己回宫的信，便也不敢多做停留，第二日早晨便起身与太傅回到了皇宫。回到宫中后，耶律濬第一件事便是来拜见母亲，萧观音望着自己多天没见的皇儿，不安的情绪得到了舒缓。耶律濬坐在母亲身边，给她讲自己在宫外所见到的诸多不合法理之事，还将自己在客栈的所见所闻给母亲讲了一遍，虽然还没有确切的证据，但乙辛确有勾结汉人之事。萧观音告诉太子，日后一定要对乙辛多加小心，但现在不要轻举妄动，以免打草惊蛇。第二日早朝，耶律濬将自己记载的宫外见闻，呈给了道宗。道宗看后十分高兴，连连夸奖太子并宣旨让他参与政事。在皇后与太子的辅佐下，大辽呈现出一片国泰民安、五业兴旺的繁荣景象，史家称此为“清宁之治”。

四、奸相相害无处辩

（一）奸相耶律乙辛

耶律乙辛，字呼图克琨，五院部人，父亲耶律特而格。耶律乙辛儿时家贫，经常吃不上饭，穿不起衣。虽然父亲很努力地狩猎、放羊，但日子总是过得紧巴巴的。部落的人都笑话特而格，还给他起了个绰号“穷特而格”。即便是生活如此窘迫，特而格夫妇仍感到很幸福。他们结婚一年之后，特而格的妻子怀孕了，经过了漫长而幸福的十月怀胎，她生出了一个健健康康的胖小子，特而格为他取名耶律乙辛。传说，耶律乙辛出生之前，他的母亲做了个梦，梦见与羚羊厮打，几次叫喊都没有人过来帮忙，尽管身为游牧族后代的她有很多与羚羊相处的经验，但像这样与羚羊肉搏却还是第一次。虽然有些力不从心，她还是竭尽全力地击打羚羊，最后拔掉了羚羊的犄角和尾巴。耶律乙辛出生后，特而格夫妇欢天喜地地为这个新生儿庆祝。为了解开那个梦的谜团，特而格还特地找来了占卜师询问。占卜师听这个年轻的妈妈讲述完，笑着说，这个梦是吉兆，“羊”去掉犄角和尾巴即为“王”，预示着这个婴孩将来能大富大贵，就像王一样。虽然耶律乙辛没有生在贵族家庭，但其聪颖好学，博闻强记，五六岁时就颇受部落首领的喜爱。长大了以后，更是因相貌出众、知书达理而远近闻名。兴宗重熙年间，耶律乙辛被选为文班使，掌管太保印，因办事机敏，被兴宗召至宫中。仁懿皇后见其眉清目秀，又写得一手好字，便推举他做补笔砚吏。乙辛虽然外表和善但内心狡诈、善弄权术，千方百计地讨好兴宗，因而被一再提拔。至兴宗驾崩时，乙辛已官至护卫太保。道宗即位后，念他为前朝重臣而委以重任。至清宁五年，乙辛官至南院枢密使，被封为赵王。

随着官位的一步步高升，乙

辛的政治野心也随之膨胀。他先密谋除掉了道宗身边的红人，也就是平定耶律重元父子之乱的功臣耶律仁先，接着又将一帮趋炎附势之徒集结在自己的身边为自己效命。其成员主要为张孝杰和萧十三等人。张孝杰，建州永霸人，字号、生卒年均不详。此人虽有才学，但心术不正，对上阿谀奉承，尽巴结之能事；对下百般刁难，尖酸刻薄。太康二年（1076 年）秋猎，道宗因一日射鹿 30 只，而大摆筵席。酒过三盏，道宗忽然想起《黍离》，随口诵道："知我者谓我心忧，不知我者谓我何求。"而坐在台下的张孝杰谄媚地应和道："今天下太平，陛下何忧？富有四海，陛下何求？"说得道宗心花怒放，点头称好。萧十三，蔑古乃部人。史书中记载："十三辨黠，善揣摩人意。"正是萧十三的这些"长处"，使他在乙辛排挤仁先时大展拳脚，而深受乙辛的器重。为了使自己的人在朝中说话更有分量，乙辛凭借自己的权势，很快便让萧十三官至殿前副点检。有了张孝杰和萧十三的辅助，乙辛更是如虎添翼，大肆在朝中网罗人才作为自己的亲信，不久就形成了以自己为中心的奸党集团。除此而外，乙辛还在全国各地方官僚中安排自己的耳目和爪牙。他那些胡作非为和仗势欺人的恶行，被耶律濬在私访民间时调查得一清二楚。立志要效仿古代明君的皇太子，当然不会放过这个恶人。期盼着在亲政之时，能够将乙辛一伙除之而后快。但年少的皇太子，不懂得掩饰自己的内心。他的想法很快就被乙辛设在皇宫的内奸所察觉，报告给了乙辛。将权势视为比生命更重要的乙辛，不可能任由太子这样毁灭自己。一番衡量之后，他决定先下手铲除太子，以防后患。为了避免与太子起正面的冲突，乙辛决定先从皇后萧观音入手。太子为皇后所生，只要道宗将皇后打入冷宫，太子自然会受牵连。而且当初要是没有皇后在一旁教唆，自己也不会被太子这样敌视。如意算盘敲定之后，乙辛便开始了一连串的谋害，首先便是《谏猎疏》事件。

（二）《谏猎疏》事件

萧观音十分钦佩唐太宗徐贤妃的行事为人。史书记载，徐贤妃虽是一介女流，深居皇宫，却心怀国家。贞观二十二年（648 年），唐太宗东征高丽，兴建宫室，耗资巨大，百姓对此怨声载道。徐贤妃得知此事，立即书写了《谏太宗息兵罢役疏》呈交给了唐太宗。奏疏中不但指出穷兵黩武和大兴土木的弊端，劝说唐太宗要秉持勤俭节约的作风，还强调君主要以百姓的安乐为施政的出发点。唐太宗在读过徐贤妃的奏疏后，不仅没有斥责徐贤妃，反而对徐贤妃的进谏加以采纳。萧观音自认为没有徐贤妃的政治远见，却也想辅佐自己的夫君，好好治理国家。因而，萧观音时常在道宗面前进谏得失。希望道宗能像唐太宗那样，将国家治理得繁荣富强。刚开始的时候，道宗会细心地听取她的意见，并不时对某一问题进行反省。夫妻二人虽然有意见不统一的时候，但最终都会找到折中办法。有时道宗还会赞赏萧观音的分析和决断能力。萧观音见丈夫是如此虚心纳谏，便消除了顾虑。可道宗毕竟不是唐太宗，他没有唐太宗那样的胸襟和气度，时间一久，便厌烦了起来。面对眼前时常指正自己的皇后，他更怀念那个与他花前月下，吟诗作赋的温柔女子。夫妻间的裂痕就这样渐渐产生了。直到萧观音进谏道宗不应终日沉溺于骑射游猎的时候，道宗心中对她的不满终于爆发了。

道宗酷爱狩猎，总是骑着自己的宝马“飞电”，驰骋在草原上射猎。史书记载，道宗所乘之马“飞电”，“瞬息百里，常驰入深林邃谷，扈从求之不得”。皇后担心道宗的安危，遂上《谏猎疏》曰：

妾闻穆王远驾，周德用衰；太康佚豫，夏社几屋。此游畋之往戒，帝王之龟鉴也。顷见驾幸秋山，不闲六御，特以单骑从禽，深入不测，此虽威神所届，万灵自为拥护，倘有绝群之兽，果如东方所言，则沟中之豕，必败简子之驾矣。妾虽愚暗，窃为社稷忧之。惟陛下遵老氏驰骋之戒，用汉文吉行之旨，

不以其言为牝鸡之晨而纳之。

道宗看此奏疏，剑眉倒竖。心想皇后太放肆了，是该让她知道皇帝的威严了！此时时任北府宰相的张孝杰和赵王耶律乙辛，看到道宗脸色由红转青，便知道皇帝龙颜大怒，肯定是生皇后的气了，便借机用百姓对皇后的爱戴来刺激道宗。他们把百姓们平日赞美皇后的诗谣，歪曲地解释给道宗听。夸张地将“金饰足，玉饰头，救世观音作皇后”和“平赋税，劝农桑，慈悲观音放皇粮”两句，说成是皇后暗中拉拢百姓，使自己在百姓心目中的威望远远胜过皇帝。他们还在道宗面前宣扬，百姓是如何将皇后视为女神加以供奉的。身为一国之君的道宗怎能受得了，有人在百姓心目中的威望胜过自己，可一转念，皇后身为一国之母，有些威望也是理所当然，想到这里道宗的怨气便平复了许多。见道宗并没有责备皇后之意，别有居心的乙辛又接着说，如果外戚要利用百姓对皇后的拥戴造反，岂不轻而易举。说完便用眼睛瞟了瞟坐在龙椅上的道宗。乙辛的一席话，正中道宗痛处，身为一国之君，最怕的便是保不住皇位。道宗沉默了，他不知道自己应该怎样面对皇后，面对心中的那份亲情。沉思了片刻后，道宗说自己会考虑两位爱卿的肺腑之言，说完便起身离开了大殿。此时的道宗，不再对皇后抱有任何的期许，反而希望她安守本分，不要让自己再次陷入对她的怀疑之中。

（三）皇后身边置眼线

即便是这样，也没有让乙辛彻底释怀。他仍策划着进一步掌握皇后的弱点，将她击倒。为了能更好地掌握萧观音的言行，了解她平日里接触的人群，寻找污蔑她的突破口，乙辛决定在她身边安插一个亲信，以便随时掌握皇后的动态。经过了几轮筛选，他最终选定单登进入皇宫，监视皇后的一举一动。单登原为耶律重元家的歌女，善于吹笙和弹奏琵琶。自从耶律重元兵败，家破人亡后，单登也失去了往日的光彩。一个人整日在酒楼里，为客人演奏歌唱。此举虽是

维持生计之道，却也是她的兴趣所在。生活就这样平淡无奇地过着，直到有一天，一个官吏的到来彻底改变了她的命运，让这样一个弱小女子卷入到了政治漩涡之中。这个人正是耶律乙辛的奸党——张孝杰。这一天，酒楼里仍像往常一样，客人虽然不多，却都凑在她身边，欣赏她的弹奏和演唱。直到一个人的出现，打乱了原有的平静。虽然张孝杰只去过耶律重元府几次，单登却还是能认出他。这个满脸严肃的人正是当朝的北府宰相。上午的弹奏结束后，单登被叫到酒楼二层的一间客房，坐在那里等待她的人正是张孝杰。没有了浓妆艳抹的单登，此时反而多了分清纯可爱。张孝杰看着眼前这个虽称不上绝代佳人，却也是仪态万千的女子走了神。单登的一句“大人”，将张孝杰硬生生地拉回了现实。单登以为张宰相只是来听曲儿的，便也没说什么，抱着琵琶坐了下来，开始弹奏。一曲曲优美的旋律过后，张孝杰开始了说服单登的工作。单纯的单登怎能经得起张孝杰三寸不烂之舌的劝说，不到半天的时间，便被他的花言巧语所打动了。两天后便随官差进入了皇宫。

在履行完应有的程序后，单登被安排在了宫中艺人的住处。第二天，经过一番繁琐的仪式后，单登正式成了皇后的侍女。此时的皇后，虽然依旧美艳绝伦，但眉宇之间多了份淡淡的忧伤。由于上次的《谏猎疏》事件，道宗疏远了皇后。即便是她主动求见，道宗也多以国事繁多而推脱。萧观音知道道宗还在生自己的气，也就不敢多做烦扰。没有了往日的恩爱缠绵，萧观音也只好独自打发无聊的时光。擅长诗文韵律的她，不时吟吟诗、弹弹琵琶，却也难解心中的苦闷。起初，单登的到来并没有引起萧观音的重视，但精湛的弹奏技巧很快使她脱颖而出，再加上她相貌乖巧可爱，更是博得了萧观音的喜欢。萧观音时不时会作些诗，让单登谱曲弹奏。而单登却也总是能恰到好处地把萧观音的诗弹奏出来，因而颇受萧观音的赏识。于是萧观音便时时把她带在身边，听她弹奏歌唱，有时还会因单登的精彩表现，而大为嘉

赏。渐渐地单登成了萧观音身边的红人。单登也因与皇后的频繁接触，而越来越仰慕这个温婉贤淑却又智慧刚强的皇后，监视皇后的命令也渐渐违背了。直到赵惟一的出现，使这亲密的主仆关系发生了变质。

赵惟一，生卒年不详，只知为辽道宗时期伶官。伶官为古代宫廷演戏、唱歌、作乐者，大多为身份卑微而富有音乐技艺的人。赵惟一正是这众多伶官中的一位，因擅长弹奏琵琶而出名。萧观音原本并不知晓赵惟一，偶然间听到侍女们对他琴音的赞美，才知道原来宫中有如此弹奏高人，便命单登去请。当看到随着赵惟一指尖舞动的琴弦，听到他怀中那古香古色的琵琶所发出的动听琴音时，所有人都被他征服了，就连平日里被皇帝和大臣们吹捧为“琴艺一绝”的萧观音也甘拜下风。弹奏结束后，萧观音不仅对赵惟一的琴艺赞赏有佳，还大加赏赐。站在一边的单登，看到皇后扬起的嘴角，也随之快乐起来。但这短暂的快乐时光，很快就被单登的占有欲和好胜心驱散了。萧观音十分欣赏赵惟一的琴艺，便时常召他进宫来弹奏，而且许多原本要与单登商讨的曲谱也多由赵惟一代替完成了。单登不甘心自己在皇后心目中的位置被赵惟一所替代，也不甘心就这样被皇后冷落。她将心中的怨气，撒到了赵惟一的身上。单登不但时常刁难他，还多次在皇后面前说他的坏话。明事理的萧观音知道，单登是在耍小孩子脾气，心想如果单登知道自己与赵惟一的差距后，便会对赵惟一改观或是虚心求教，想到这便亲自安排了他们二人的比赛。结果显而易见，单登远远比不上赵惟一在音乐方面的造诣。可单登并没有像萧观音所预想的那样输得心服口服，反而认为这是赵惟一在报复，故意在皇后面前羞辱自己。就在单登为如何打败赵惟一而烦恼时，关于她出身叛臣之府的传言传到萧观音的耳朵里。萧观音便开始有意疏远单登。一日，道宗闲得无聊，听说皇后身边有个侍女不但相貌可爱而且弹得一手好琵琶，便打算召单登上前来演奏。萧观音听后，气愤地向前来的宫女说：“此叛家婢，女中独无豫让乎？安得亲近御前！”当单登得知皇后如此看待自己时，所有的委屈都换做泪水，哭湿了衣衫。没过多久，

萧观音便将单登调去了直外别院。原本对皇后既仰慕又尊敬的单登，此时心里却满是抱怨。一直在幕后观察的耶律乙辛，见到时机成熟，立即派被他收买了的朱顶鹤前去劝说。原本的不满，加上朱顶鹤的教唆，使单登很快投向了耶律乙辛。乙辛派人告诉她，要在暗处细心观察，看看皇后有无对皇上不敬的行为，一旦有些蛛丝马迹立刻报告给他。现在的她，成了乙辛安插在皇后身边真正的眼线。

（四）《回心院》盼回心

一日，风和日丽，萧观音百般无聊，便独自坐在窗前，看着窗外的风景。这时窗前飞来了一对鸟儿，它们并排停留在树枝上，情意绵绵地对着啼叫。在萧观音孤独的眼里，这一对小鸟，仿佛就是昔日里的道宗和她，他们原本是那么的恩爱。往日欢乐的时光一下子都浮现在了她的眼前，可今时今日，她唯有顾影自怜。心中的感慨和伤感谁又能知道呢？无奈，她只有提起笔，写下心中对道宗的思恋和期盼。

扫深殿，闭久金铺暗。
游丝络网尘作堆，积岁青苔厚阶面。
扫深殿，待君宴。
拂象床，凭梦借高唐。
敲坏半边知妾卧，恰当天处少辉光。
拂象床，待君王。
换香枕，一半无云锦。
为是秋来展转多，更有双双泪痕渗。
换香枕，待君寝。
铺翠被，羞杀鸳鸯对。
犹忆当时叫合欢，而今独覆相思块。
铺翠被，待君睡。
装绣帐，金钩未敢上。
解却四角夜光珠，不教照见愁模样。
装绣帐，待君贶。

叠锦茵，重重空自陈。
只愿身当白玉体，不愿伊当薄命人。
叠锦茵，待君临。
展瑶席，花笑三韩碧。
笑妾新铺玉一床，从来妇欢不终夕。
展瑶席，待君息。
剔银灯，须知一样明。
偏是君来生彩晕，对妾故作青荧荧。
剔银灯，待君行。
爇薰炉，能将孤闷苏。
若道妾身多秽贱，自沾御体香彻肤。
爇薰炉，待君娱。
张鸣筝，恰恰语娇莺。
一从弹作房中曲，常和窗前风雨声。
张鸣筝，待君听。

并引用典故，取名《回心院》。“回心院”为唐高宗李治妻子王皇后的一段故事。相传王皇后长得漂亮聪慧，李治十分喜爱，可惜数年无子。在“不孝有三，无后为大”的古代社会，无子可谓是妻子的致命伤。二人的感情，在对皇子的期盼中逐渐淡薄。最终王皇后成了后宫嫔妃争斗的牺牲品，被唐高宗贬为庶人，囚禁于宫中。一次唐高宗无意间走到了幽禁王皇后的地方，看见房门紧锁，仅在窗户上留了一个洞送进食物。唐高宗见此场景不禁心生感叹，便高声询问皇后可好。王皇后在听到唐高宗声音后，便止不住痛哭流涕，说自己日思夜想，期盼皇上能够回心转移，还特将此宅取名为回心院。唐高宗听罢，颇为感动，答应王皇后会将她放出来。萧观音为自己的诗作取此名，也正是希望道宗能像高宗那样浪子回头。可历史上的王皇后终究逃不过宿命，被武则天加害致死。这似乎预示着，可怜的萧皇后也逃脱不了被奸人所害的命运。

望着自己的诗作，萧观音泪眼婆娑。一阵伤心之后，她决定将这篇词谱成曲，弹奏给道宗，期望他能够听到自己的心声，唤回他的宠幸。经过了二十多天的精心谱写，一首悠扬哀婉的琵琶曲终于在萧观音的笔下悄然问世了。为了使这首琵琶曲更加完美，萧观音特地命人找来了伶官赵惟一，对曲子做进一步

的推敲和修改。凭借着对音乐的敏感和多愁善感的性情，赵惟一将《回心院》弹奏得悲凉恳切，这正贴合了萧观音的心意。看着赵惟一动情的弹奏，萧观音越发觉得这首曲子只能由赵惟一弹奏。有了赵惟一的弹奏，加上自己的深情演唱，就一定能达到事半功倍的效果，萧观音这样盘算着。可善良的萧观音万万没有想到，就在自己为挽回与道宗的感情而努力忙碌的时候，一场骇人听闻的冤案正在酝酿。

（五）耶律乙辛之诬

被嫉妒和仇恨蒙蔽了双眼的单登，听从了耶律乙辛的安排，时常在暗处观察萧观音的一举一动，有时还将所见所闻通过朱顶鹤汇报给乙辛。正愁消灭萧观音母子却无从下手的他，在得知萧观音经常派人召伶官赵惟一进宫，二人终日在一起弹琴、唱歌的消息后，奸诈的脸上便露出了邪恶的笑容。

首先，耶律乙辛命文笔稍好的张孝杰作诗，取名《十香词》，由朱顶鹤交给单登，并命令单登设法让皇后抄写此诗，以便让道宗以为此诗系皇后所做。单登接过《十香词》，张孝杰的笔迹跃然之上，为了怕皇后起疑心，单登工工整整地又抄了一遍，才揣到怀里。忐忑不安的单登紧裹着衣衫，从宫中后门偷偷溜进了住所，等待着时机的成熟。恰巧这一日，天空下着淅沥沥的小雨，窗外雨滴敲打树叶的啪啪声，打断了萧观音的清梦。萧观音赤着脚从床上走到了窗前，欣赏这暮夏的雨。可不一会儿，雨就停了，远处的天边还形成了七彩的虹。看着被雨水洗刷后的绿叶，闻着花园里泥土的芬芳，还有照在自己身上温暖的阳光，这一切似乎都在向自己诉说着未来的美好。道宗，还有懂事的儿子，一家人坐在一起吃饭、聊天、作诗，那又是一幅多么美妙的画卷啊！想到这，萧观音那久不见笑容的脸上，浮现出了释怀的微笑，就像是一朵盛开的牡丹，高贵而优雅。站在一旁服侍的单登，看到了皇后表情上的变化，觉得时机成熟，便拿出了怀里的《十香词》，借着为皇后倒

水的机会，将《十香词》呈给了萧观音。并煞有介事地说，此词为自己无意中从一本书上抄的，原为宋朝一位不得宠的皇后所作，那位皇后的境遇十分凄惨，不但被皇帝打入了冷宫，终日不得出门，还撤走了身边的丫鬟，就连自己的亲生儿子也不得见面。于是，在百般寂寞之下写了这首词。听罢单登的介绍，萧观音不觉地心生同情，接过《十香词》仔细观看：

青丝七尺长，挽作内家装；
不知眠枕上，倍觉绿云香。
红绡一幅强，轻阑白玉光；
试开胸探取，尤比颤酥香。
芙蓉失新艳，莲花落故妆；
两般总堪比，可似粉腮香。
蝤蛴那足并？长须学凤凰；
昨宵双臂上，应惹领边香。
和羹好滋味，送语出宫商；
安知郎口内，含有暖甘香。
非关兼酒气，不是口脂香；
却疑花解语，风送过来香。
既摘上林蕊，还亲御院桑；
归来便携手，纤纤春笋香。
凤靴抛合缝，罗袜卸轻霜；
谁将暖白玉，雕出软钩香。
解带色已战，触手心愈忙；
那识罗裙内，销魂别有香。
咳唾千花酿，肌肤百和装；

无非瞰沉水，生得满身香。

萧观音看罢，对单登说，这首词虽然有些大胆，但也不失为一首反映作者相思之情的佳作。单登立即顺水推舟，讨好地说，如果能将皇后的《回心院》与此诗前后连在一起，真可谓是相得益彰，定能成为流芳百世之作。希望皇后能手抄一份赐给自己，那将是无比的荣幸。萧观音见单登如此恳切，又念及以往对自己的照顾，便提笔抄写了起来。抄完后，又觉得兴致未尽，就随手在后面提了四句诗，以表对这位皇后的同情，取名《怀古》。

宫中只数赵家妆，
败雨残云误汉王。
惟有知情一片月，
曾窥飞燕入昭阳。

单登接过宣纸，看着皇后的笔迹和题诗，即便内心窃窃欢喜，却也不忘叩头谢恩，装出十分感激的样子。被即将到来的幸福冲昏了头的萧观音，此刻没有看出单登表情的变化，更不知道这篇《十香词》的背后是耶律乙辛的政治野心和诡计。不久，留有萧观音墨香的宣纸，便转到了乙辛的手里。看着萧观音的墨迹，他不禁放声大笑，没想到聪明一世的萧皇后也会在这小河沟里翻船。接下来，便是如何利用手中的证据，在道宗面前告发她了。当天夜里，乙辛紧急召来张孝杰和萧十三商讨对策，心怀叵测的三个人，终于拟定出了离间道宗夫妻的计划。他们打算在十月道宗游猎回来后，将皇后与赵惟一的“奸情”“揭发”出来。

太康元年（1075 年）十月，道宗游猎回京。一路上，清风抚体、鸟语花香，道宗的脸上也洋溢出了孩童般的轻松快乐。回想自己离京的这段日子，没有一天不是在牵挂和自责中度过的。因为上次的《谏猎疏》事件，自己伤害了皇后。离开了上京才知道，皇后是多么难得的妻子。她不但对自己百般照顾，将后宫打理得井井有条，还不厌其烦地劝告自己应该做一位敬民爱民的好皇帝。每每想到这，道宗的心就一阵刺痛，他希望

自己能快些回到皇后的身边，告诉他自己的愧疚。

终于回到了京城，回到了魂牵梦绕的皇宫。看到出来相迎的妻子、儿女和大臣，道宗满心温暖。他下马，走到萧观音的身边，仔细打量这个让自己朝思暮想的人，精心的打扮和华丽的服饰更为这位美人增添了一份妩媚，看到萧观音双眼含泪望着自己时，道宗的心都碎了，一直处事果断的他此时却没了主意，不知道该用何言语来抚慰皇后那颗受伤的心。最后，二人相互搀扶着回到了寝宫。回到寝宫后，萧观音亲自摆设酒宴为道宗接风洗尘。夫妻二人，坐在酒桌旁边，相互诉说着对彼此的思念，没有虚伪、没有谎言、没有隐瞒也没有猜忌，有的只是真挚和诚恳。在道宗温柔的眼神中，萧观音看出了丈夫的歉意。正当道宗要开口说出自己的懊悔时，萧观音便打岔似地命身边的侍女去请赵惟一。道宗一脸茫然地问，赵惟一是何人？萧观音笑而不答。看到一个伶官抱着琵琶端坐在他面前的时候，他才知道皇后要为他歌唱。一曲凄凉哀婉的《回心院》唱出了皇后的心声，也唱出了他们昔日的美好。看着皇后动情地吟唱，道宗更加的后悔。曲终时，道宗潸然泪下，不知皇后对自己的情意竟是如此深厚。诗中描写的生活场景，似乎是那么的平淡无奇，却又满载着皇后的一份深情。自己当初是多么无知，听信耶律乙辛的话，而对皇后的忠心有所怀疑。日后一定重重惩办乙辛，道宗这样想着也这样说着。萧观音听罢，连忙跪到了地上，为乙辛求情，劝告皇帝不要忘了乙辛在重元府叛乱中所作的贡献。道宗听后不禁为皇后的宽厚和大度所折服，心想如果不是身为女儿身，她一定会成为造福大辽的良臣。这一夜，夫妻二人在对往日的追忆和未来的期许中入眠。皇宫里静悄悄的，是那么寂静和神秘，而平地卷起的风，似乎预示着一场大灾难的降临。

第二日早朝，道宗兴致勃勃地听大臣们汇报工作，并对大臣提出的一些问题积极应对。就好像在一日之间又燃起了对朝政的热情和振兴大辽的意念，前

些年的不屑和倦怠被彻底抛弃了。早朝结束后，几位年迈的大臣聚集在一起，对道宗今天的表现连连称好。道宗心里也十分舒畅。他在书房批阅完奏折后，便迫不及待地想要回到后宫，告诉皇后他今日的成绩。就在道宗要离开书房时，侍卫前来报告乙辛求见。本打算要好好教训他一番，没想到自己先送上门来了。可又一想昨日皇后的劝告，便强忍着将怒火压了下去，耐着性子重新回到了座椅上。只见乙辛，一脸严肃地来到了道宗面前，递上了一份奏折。只见奏疏上鲜明的写着几个大字《奏懿德皇后私伶官疏》，还没有看到内容，光是这九个大字，就令道宗大吃一惊。皇后怎可能干出如此苟且之事？道宗瞪着眼睛告诫乙辛，如果此事为假，将会治乙辛以满门抄斩之罪。耶律乙辛不敢怠慢，立即禀告道宗，此事不但有《十香词》和《怀古》诗可以说明，更有单登和朱顶鹤可以作证。这二人一位是皇后身边的侍女，一位是赵惟一的好友，他们是最了解整个事情经过的人。乙辛的一番话，犹如当头棒喝，打得道宗回不过神来。许久，道宗才缓过神，仔细地看起奏折来。

太康元年十月二十三日，据外直别院宫婢单登，及教坊朱顶鹤陈首。本坊伶官赵惟一向邀结本坊入内承直高长命，以弹筝琵琶，得召入内。沐上恩宠，乃辄干冒禁典，谋侍懿德皇后御前。忽于咸雍六年九月，驾幸木叶山，惟一公称有懿德皇后旨，召入弹筝。于时皇后以御制《回心院》曲十首，付惟一入调。

自辰至酒，调成，皇后向帘下目之，遂隔帘与惟一对弹。及昏，命烛，传命惟一去官服，著绿巾，金抹额，窄袖紫罗衫，珠带乌靴。皇后亦著紫金百凤衫，杏黄金缕裙。上戴百宝花髻，下穿红凤花靴，召惟一更放内帐，对弹琵琶。

命酒对饮，或饮或弹，至院鼓三下，敕内侍出帐。登时当值帐，不复闻帐内弹饮，但闻笑声。登亦心动，密从帐外听之。闻后言曰：“可封有用郎君”。惟一低声言曰：“奴具虽健，小蛇耳，自不敌可汗真龙。”后曰：“小猛蛇，却赛真懒龙。”此后但闻惺惺若小儿梦中啼而已……

院鼓四下，后唤登揭帐。曰：“惟一醉不起，可为我叫醒。”登叫惟一百通，始为

醒状，乃起，拜辞。后赐金帛一箧，谢恩而出。其后驾还，虽时召见，不敢入帐。

后深怀思，因作《十香词》赐惟一。

惟一持出夸示同官朱顶鹤。朱顶鹤遂手夺其辞，使妇清子问登。登惧事发连坐，乘暇泣谏，后怒，痛笞，遂斥外直，但朱顶鹤与登共悉此事。使忍含不言，一期败露，安免株坐，故敢首陈，乞为转奏，以正刑诛。

臣惟皇帝以至德统天，化及无外，寡妻匹妇，莫不刑于。今宫帐深密，忽有异言，其有关治化，良非渺小，故不忍隐讳。辄据词并手书《十香词》一纸，密奏以闻。

皇后怎能是如此轻浮之人！道宗还是不愿相信乙辛的话，但此时道宗已完全没了开始时的自信。奸诈的耶律乙辛，看出了道宗表情上的变化，便又将《十香词》和《怀古》诗从怀中取出呈给了道宗。道宗定睛一看，这纸上秀气的字迹确为皇后所写不假，可平日里高高在上的皇后怎能写出如此不堪入目之诗？再看《怀古》诗，是皇后借批判汉成帝皇后赵飞燕争宠乱政，来劝告今朝后妃要以德正己之作。“这首诗怎能被看做是皇后与赵惟一有奸情的证据呢？”道宗怒斥道。乙辛装作万分惶恐地说：“这首诗共四句，第一句中的‘赵’和第三句中的‘惟一’，不正好是赵惟一的名字吗？”道宗听到乙辛的辩驳，就好像晴天霹雳，怒火上升。立刻传旨，召皇后入见。

萧观音还没有弄清是怎么回事，就被侍卫们带到了道宗面前。见道宗龙颜震怒，忙问是为何。道宗看着眼前这个仪态端庄的皇后，咬牙切齿地问她知不知道自己犯了什么罪？这个问题问得萧观音有些不知所云。道宗见萧观音无心承认，气急败坏的他，重重地扔下了乙辛的奏折。萧观音拾起奏折，定睛观看，没等看完，便觉得五雷轰顶，忙喊冤枉。

这时单登与朱顶鹤也被传入宫中，来到了萧观音面前。面对单登和朱顶鹤的指证，萧观音百口莫辩，瘫到了地上。豆大的泪珠，顺着萧观音粉嫩的脸上不断滑落。萧观音跪着对道宗哭诉：“妾托体国家，已造妇人之极，况诞育储

贰，近且生孙，儿女满前，岂忍更作淫奔失行之人乎？”道宗拿起手中的《十香词》与皇后对峙：“此非汝作手书，更复何词？”萧观音说：“此宋国忒里蹇所作，妾即从单登得而书赐之耳。且国家无亲蚕事，妾作那得有亲桑语？”道宗对皇后失望透了，怒吼着“诗正不妨以无为有，如词中‘合缝靴’，亦非汝所著，为宋国服耶？”这一问，萧观音无言以对，只是哭着重复说自己是清白的，劝皇上不该听信耶律乙辛等人的一面之词。道宗见皇后理屈词穷，便认定皇后确有奸情。丧失了理智的他像一头被惹恼了的狮子，咆哮着，抡起身边侍卫的铁骨朵（一种兵器，一端形似蒜头的铁棒），狠狠向萧观音砸来，愤怒使他听不见皇后的哭喊声和哀求声，直到弱不禁风的萧观音昏死过去才止住了手。看着满身是血的皇后和被染红了的铁骨朵，道宗吩咐将萧观音押到别院囚禁，并命令耶律乙辛和张孝杰负责审理此案。

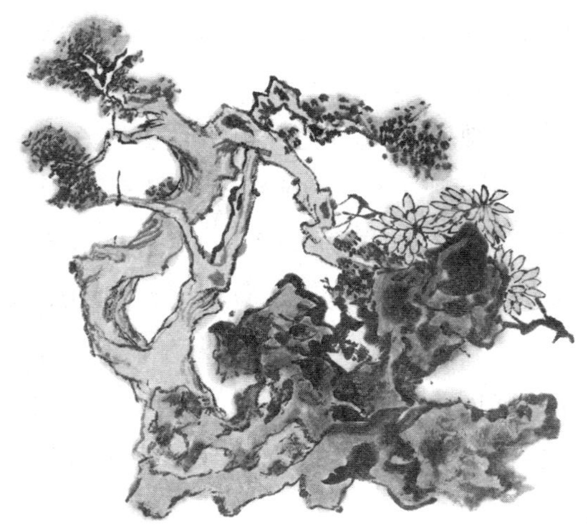

五、母子双亡终成冤

一切都按照自己的计划进行着，看着道宗暴怒的表情，耶律乙辛暗自庆幸。这个糊涂的皇帝不仅没有看出破绽，反而将此案交给自己负责，这样就等于将皇后的性命交给了阎王，注定要含冤而终的。再看看这瘦弱的赵惟一，只要略加刑罚，不怕他不承认。果然，事情如乙辛所想的那样进行着，赵惟一终究禁不住铁钉钉手、烙铁烫胸、割断手筋等酷刑的折磨，屈打成招，在认罪书上按下了手印。拿着赵惟一的认罪书，乙辛、张孝杰二人喝酒庆祝，打算写完奏折后立即禀告给道宗。第二天早朝，耶律乙辛装作十分哀痛地来到大殿上，打算早朝结束后据实上奏。对此事有所耳闻的枢密使萧惟信跑过来，劝告乙辛、张孝杰："懿德贤明端重，化行宫帐，且诞育储君，为国大本，此天下母也，而可以叛家仇婢一语动摇之乎？公等身为大臣，方当照烛奸宄，洗雪冤诬，烹灭此辈，以报国家，以正国体，奈何欣然以为得其情也？公等更为思之。"怎奈处死萧观音是乙辛最想看到的结果，张孝杰又是乙辛的同党，这一切都是早有预谋的，他们又怎能听萧惟信的劝告，早朝一结束便忙着将审讯的结果汇报给了道宗。昏庸的道宗当即批示赐死萧观音，族诛赵惟一。

萧观音清醒时已经是傍晚了。落日的余晖，透过窗口照进屋子，借着一点光亮，萧观音知道自己正处在别院，回想起这一天的经过，她泣不成声。二十多年的夫妻，无数的危机、险阻都相互支撑着走过来了，无数的困难、磨难也都彼此鼓励着征服了，他们用时间和汗水建立起来的信任，就这样被人轻易摧毁了。曾经的相濡以沫、曾经的夫唱妇随，似乎都在嘲笑这个落魄的妻子。原本为唤回夫君之爱，而努力创作、练习的《回心院》此时却成了自己与赵惟一"通奸"的证据。想到这，萧观音不禁苦笑，身为国母的她，处处小心谨慎，时时注意仪表，怎能屈尊与伶官扯上关系。自己都不相信的事情，皇上怎能凭借

乙辛等人的一纸诉状，就断然判定自己的不忠。皇上啊，请听听为妻的心声，请听听为妻的辩驳，请听听事情的真相……不断滴落的泪水浸透了衣衫，粘在伤口上，更是一阵钻心的疼痛。看着自己满身的伤痕，萧观音明白了现实的残酷，无论她说什么做什么也都已经无力回天了。那天边徐徐消退的夕阳，仿佛也提醒自己命不久矣。强忍着伤痛，萧观音吃力地坐了起来，透过窗口，看着外面被夕阳染红了的花园。虽然监视自己的卫队打乱了傍晚的宁静，但仍可以从中感到十月傍晚的惬意。在好久好久以前，道宗和自己也在这样的傍晚吟诗、作画，那时的一切是那么的美妙；在冬季，一起观雪；仲夏，在花丛中追逐嬉戏……带着过去与道宗生活的美好片段，萧观音度过了人生中的最后一夜。

第二日早晨，皇宫中便不断传出要将皇后处决的消息。耶律濬早知乙辛对母后图谋不轨，却没想到来得这么快。他当即率领三位姐妹来到道宗面前，揭露乙辛的阴谋，为母后辩白。可还在气头上的道宗，听不进皇太子的分析和推断，只是一味地想要治皇后的罪，“朕亲临天下，臣妾亿兆，而不能防闲一妇，更何施面目，觍然南面乎?”说罢，便甩袖而去，并下令不见任何人。

当处决的消息传到别院的时候，萧观音泰然自若，因为她知道这一切都是乙辛等人对自己的陷害，皇上只是被他们骗了。见内官手中的白练，萧观音理了理凌乱的头发，抻了抻褶皱的衣服，对内官说希望自己临死前能再见道宗一面，哪怕是说一句话，甚至几个字也好，这样也就死而无憾了。内官通报后回来说，皇上不许。没想到道宗并没有念及夫妻二人多年的情分。萧观音无奈，只好朝道宗所在的方向，拜了三拜。作《绝命词》曰：

嗟薄祜兮多幸，羌作俪兮皇家。
承昊穹兮下覆，近日月兮分华。
托后钧兮凝位，忽前星兮启耀。
虽衅累兮黄床，庶无罪兮宗庙。
欲贯鱼兮上进，乘阳德兮天飞。
岂祸生兮无朕，蒙秽恶兮宫闱。
将剖心兮自陈，冀回照兮白日。
宁庶女兮多慚，遏飞霜兮下击。
顾子女兮哀顿，对左右兮摧伤。
共西曜兮将坠，忽吾去兮椒房。

呼天地兮惨悴，恨今古兮安极。

知吾生兮必死，又焉爱兮旦夕。

语毕便关上寝宫的门，用一条白练结束了自己年轻的生命。时为太康元年（1075年），萧观音年仅36岁。即使是赐死皇后也没有平息道宗心中的怒火，不久他便命人将萧观音的尸体送回了家。莫大的耻辱使萧观音的母亲耶律氏难以在人前抬头，在悄悄安葬女儿后，便独自离开了上京。另一方面，皇太子在得知母后故去的消息后，捶地痛哭，立誓曰："杀吾母者耶律乙辛也。他日不灭诛此贼，不为人子！"

皇后的死，更促使太子下定要铲除乙辛的决心。乙辛见太子报仇心切，便不安了起来。为了使自己的地位权势永固，乙辛又开始了新一轮的谋划。这一次，他又将眼光瞄准了后位。一日出游，乙辛见道宗心情颇好，乘机试探着问道宗："帝与后如天地并位，中宫岂可旷？"恰巧道宗此时也正苦恼着没有合适的人选来填补后位。乙辛见道宗面露难色，就乘势将同党萧霞抹的妹妹萧坦思赞美了一番，说此人不但相貌出众，而且琴棋书画样样精通，绝不输于萧观音，是皇后的绝佳人选。道宗听信了乙辛的话，将萧坦思召至宫中，第二年便册封为皇后。乙辛凭借举荐皇后一事颇为道宗所赞赏，再加上萧坦思的枕边吹捧，使得道宗对乙辛更加信赖了。

见耶律乙辛一伙在道宗面前越来越受宠，耶律濬更加恼怒，冲动之下，命自己的贴身护卫萧忽古，前去刺杀他。但一场突然而至的大雨使计划失败，不但萧忽古被活擒，还暴露了太子誓必除掉乙辛的决心。当日早朝，本想就此事大做文章的乙辛，却在萧岩寿的一纸密奏"乙辛自皇太子预政，内怀疑惧，又与宰相张孝杰相附会。恐有异图，不可使居要地"下被调往中京。不甘心就此远离权力中心的乙辛，秘密派人为其在道宗面前开脱。道宗又一次听信了这一伙人的言词，不久便将乙辛召回，恢复其官职。

上次的偷袭事件，使乙辛对太子更加防范。为了早日解除心中的隐患，一

场由耶律乙辛主导的栽赃陷害案又拉开了序幕。

他们安排护卫太保耶律查剌，向道宗诬告北院枢密使耶律撒剌等八人谋立皇太子。道宗一直对太子喜爱有加，相信他不可能做此不忠不孝之事情，对乙辛的话也就没有放在心上。乙辛见道宗丝毫没有要调查太子之意，便不惜代价让牌印郎君萧讹都斡在道宗面前负荆请罪，说自己曾参与了耶律撒剌等谋立皇太子篡位之事，因怕事情败露株连族人，才特此请罪，希望皇上念在自己坦白实情，免除自己的牢狱之灾。说着还将一本厚厚的人名簿交到了道宗的手上。道宗打开名册，见上面密密麻麻不下百人，上至中央下至地方。如果真的东窗事发，恐怕自己也无法控制，道宗越看越气，最后将名册“啪”的一声摔在了书桌上。没有想到，这个不孝子，竟说自己是昏君！还企图联合中央和地方的官员来推翻自己！枉费多年对他的精心栽培，枉费一直以来对他的信任！道宗立即下旨，命令耶律乙辛、张孝杰、耶律燕哥等人对此事严加查办。

耶律乙辛见奸计得逞，便组织人员，对皇太子严加审讯。耶律濬不但没有屈打成招，还在狱中大骂乙辛。可年少气盛的他，终究没有逃脱乙辛这个老奸臣的掌心。耶律燕哥的出现使他彻底陷入了乙辛的圈套之中。耶律燕哥，字善宁，皇族，其四世祖铎稳，为太祖阿保机同父异母的弟弟。《辽史》记载，“燕哥狡佞而敏”。他不但颇受乙辛器重，还与太子保持兄弟般的情谊。当耶律濬见到燕哥时，便将燕哥视为救命稻草，极为恳切地说：“帝唯我一子，今为储嗣，复何求，敢为此事！公与我为昆弟行，当念无辜，达意于帝。”一直在狱外等候的萧十三，见燕哥出来，急忙上前询问审讯结果。耶律燕哥便将狱中太子所说的话和盘托出。萧十三当然不会让太子见皇上，就想了想，说：“宜以太子言易为伏状。”第二日早朝，耶律燕哥便遵照萧十三的意思，将虚假的认罪书，呈给了道宗。为了迎合这则认罪书，也为了使整个事件看起来更为真实，耶律乙辛便自编自导了一出逼供的戏，使道宗相信。他将几个名册中人，

托到道宗面前，称这几个血肉模糊之人，便是鼓动太子叛乱的奸党。众人不堪酷刑，均要求一死了之。乙辛见时机成熟，便上奏曰："别无异辞。"道宗见太子果然有谋反之事，便立即下旨将太子押送上京囚禁。谁知太子这一去便没有了回来之日。太子出发后不久，乙辛便命令其党羽萧达鲁古、撒把在途中杀掉太子。这样年仅 20 岁，能文能武、聪慧过人的太子，死在了乙辛这个大奸臣的手中。道宗听到太子在去上京途中病死的消息后，觉得事有蹊跷，便要传召太子妃，可还没等见面，太子妃便命丧乙辛一伙人手中。萧观音和耶律濬这对母子的冤案，成为了辽朝第一大冤案。直到太康五年（1079 年），乙辛谋划杀害皇太孙耶律延禧时，道宗才识破他的真面目，下旨削其藩位，降其官位。太康七年（1081 年），道宗追查出皇后、太子一案实则乙辛一手策划。他们本无奸情及篡位之事，却因自己轻信乙辛之词，而错杀了两个自己最为亲近之人。盛怒之下，派人将乙辛处死。道宗对皇后及太子的冤案，悔恨不已，下令追谥昭怀太子，并以天子之礼改葬玉峰山。随后命张琳为萧观音造哀册曰：

……时不来兮杳隔霄壤，事已往兮空成古今，呜呼哀哉。树萧萧兮秋峦，草萋萋兮春渚，皆从来巡幸之地，尽伊者宴游之所，灵迹何在，慈颜如睹，呜呼哀哉。载念宠渥，失于奸臣。青绳之旧污知妄，白璧之清辉可珍。如金石之音，默而复振；如镜鉴之形，昏而复新……

天祚帝（耶律延禧）于乾统元年(1101 年)登基后，追谥懿德皇后为宣懿皇后，将其与道宗合葬于永福陵。追尊父亲昭怀太子为大孝顺圣皇帝，庙号顺宗。至此，这一冤案才最终宣告结束。

后人为了表达对萧观音的缅怀之情，纷纷以洗妆台（即萧观音梳妆的场所）为题，作文悼念她。其中最为著名的便数清代词人纳兰性德所作的《台城路·洗妆台怀古》。

六宫佳丽谁曾见，层台尚临芳渚。露脚斜飞，虹腰欲断，荷叶未收残雨。添妆

何处。试问取雕笼，雪衣分付。一镜空蒙，鸳鸯拂破白蘋去。相传内家结束，有帕装孤稳，靴缝女古。冷艳全消，苍苔玉匣，翻出十眉遗谱。人间朝暮。看胭脂亭西，几堆尘土。只有花铃，绾风深夜语。

虽然有人提出此诗为纳兰性德为怀念妻子所作，但字里行间，我们仍可以清晰地看出，词人对萧观音的不幸遭遇的同情与怜惜。